I0779664

# KIRSSY LORENZO

# MIS PRIMEROS ESCRITOS

RECOPILACION DE MIS PRIMEROS ARTICULOS IMPRESOS
EN MEDIOS ESCRITOS NACIONALES
2013-2017

Título: **MIS PRIMEROS ESCRITOS**
Autor: Kirssy Lorenzo
Portada: Antoni Encarnación Marte
ISBN-13: 978-1974300785
ISBN-10: 1974300781

Primera edición agosto 2017
Impreso y editado en República Dominicana

## AGRADECIMIENTOS A:

### Beatriz Bienzobas

*Quien ha creído en nuestro trabajo desde la primera conversación y nos ha apoyado por estos 4 años de una manera hermosa y desinteresada.*

### Airam Toribio

*Quien siempre ha estado abierta a nuestras colaboraciones tanto en su programa de radio como para la revista.*

### Shirley Perez

*Por permitirnos apoyarla en su revista Nuestros Hijos y sus conferencias para padres.*

### Isabel Patín de Ricardo, Rosario del Castillo y Paloma de la Cruz

*Por creer en nuestro trabajo y confiarnos la responsabilidad de la sección Bienestar en su revista Miranda.*

### Norys Sanchez

*Por compartir nuestros conocimientos a través de sus entrevistas.*

*Al equipo de mercadeo de las Farmacias Carol*

*Por confiar en nuestra experiencia y considerarnos como parte de sus colaboradores en su revista.*

### y Carolina Rivera

*Mi mano derecha en este camino, quien ha puesto de su esfuerzo*

*y entrega desinteresada como parte de aquellos quienes queremos cambiar el mundo.*

*¡ESTE LIBRO ES UNA REALIDAD, GRACIAS A USTEDES!*

INDICE

# INTRODUCCION

En este material queremos compartir nuestros primeros escritos. Desde los 12 años hemos estado compartiendo ideas y pensamientos que con el tiempo han ido tomando formas más profundas y sinceras, que más allá de brindarnos satisfacción personal, buscan generar en otros el deseo y la curiosidad de conocerse a si mismos y así provocar nuevas formas de ver el mundo para alcanzar resultados diferentes que no solo impacten en ellos sino en las comunidades a las que pertenecen.

Estos documentos son la recopilación de las colaboraciones entre octubre del 2014 y julio del 2017. Estas +60 colaboraciones fueron todas publicadas entre los medios: Periódico Diario Libre y su revista Estilos, como en la Revista Mujer Única, el periódico El Caribe y su revista Pandora, la revista Nuestros Hijos, Miranda, Capacitando y publicaciones privadas como Contacto de la empresa Grupo Ramos, Revista Infocarol de la cadena de farmacias Carol.

Los temas que hemos abarcado en este periodo han sido enfocados al *crecimiento personal, crecimiento profesional, familia, relaciones de pareja y búsqueda de pareja para mujeres solteras.* Con esta recopilación buscamos poner al alcance de nuestros seguidores y del público en general un compendio útil, breve y poderoso en donde con la lectura el lector conecte y encuentre respuestas y soluciones a sus inquietudes.

Como todo lo que hacemos, esta publicación está realizada con mucho amor y compromiso.

Espero que la disfrute.

*Kirssy*

# DESARROLLO PERSONAL

1. Cien roles y una única mujer. Marzo 2017, Revista Estilo
2. Una mujer que se valora. Abril 2017, Linkedin
3. Mujer eres importante.  Marzo 2017 Revista Nuestros hijos
4. Evaluando resultados del 2016. Diciembre 2016 Revista Nuestros hijos
5. ¿Qué número eres? Octubre 2016, Revista Estilos
6. Cómo superar el miedo al fracaso. Abril 2016, Revista Nuestros hijos
7. Tiempo de calidad para mí. Marzo 2016, Revista Nuestros hijos
8. Metas para un poderoso 2016. Diciembre 2015, Revista Nuestros hijos
9. Ley de la atracción y cómo lograr tus metas. Diciembre 2015, Revista Mujer única
10. Recupera la pasión en tu vida. Noviembre 2015, Infocarol
11. Lo que dice tu ropa sobre ti. Octubre 2015, Revista Pandora
12. ¿Eres desapegado emocionalmente? Abril 2015, Revista Nuestros hijos
13. Empoderándome para un gran 2015! Marzo 2015, Revista Miranda
14. Como la PNL puede ayudarte con la depresión. 2014, Infocarol
15. ¿Por qué no logro avanzar? noviembre 2014, Revista Miranda
16. Date el regalo más grande
17. ¿Cómo mantenerme centrado en lo que realmente es importante? Agosto 2014. Revista Nuestros hijos

# DESARROLLO PERSONAL

## CIEN ROLES Y UNA UNICA MUJER

Mayo 2017, Revista Estilos

¿Qué sombrero llevas puesto hoy? Siempre he dicho que la liberación femenina la inventó un hombre en tono de broma, pero con su pizca de malicia, ya que después de haber alcanzado esa libertad somos menos libres. Así es, estar en todo se ha convertido en el gran reto de las mujeres de este siglo.

Nuestra inserción en la vida laboral, seguir con el papel de dadoras de vida, responsables del hogar, hijas, hermanas y esposas son solo algunos de los roles que se entremezclan en nuestro día a día que sigue, hasta la fecha, contando con la misma cantidad de horas y energía para hacerlo todo.

Definitivamente, hemos demostrado ser fuertes. Nos hemos ajustado a estas circunstancias y desde que nos quitamos el sombrero de madres, tenemos que ponernos el de hermana, hija, empresaria, esposa... con el fin de que nuestro mundo siga funcionando y todos estén contentos con nosotras. En este proceso muchas hemos sacrificado a la persona más importante en nuestras vidas: Nosotras mismas.

En los últimos años han surgido alternativas para minimizar dicho impacto: spa, gimnasio, hacemos viajes y, al menos, engañamos a quienes nos observan de lejos, pues de cerca podrías darte cuenta de que hasta relajarnos y mimarnos lo hemos convertido en un trabajo más. Y encima, para cubrir estos gustos. trabajamos horas extra o tenemos otro empleo, y pagamos a alguien para que cuide a nuestros hijos...

En el balance está la solución. ¿Qué estás haciendo hoy que no debiste haber hecho? ¿Qué es aquello que, si no lo haces, no pasaría nada? Aquí te comparto un ejercicio para motivarte a lograr dicho balance.

En mi experiencia, en el 90% de los casos, cuando las mujeres hacen esta distribución de roles se olvidan de escribir el más importante, eres tú misma. ¿Qué haces para ti? ¿Por ti? ¿Por tu bienestar? ¿Tu salud? ¿Tu felicidad (no tu placer)?

Si solo eres una llave abierta para todo el que te necesita (comenzando por hijos, marido, jefe, empleados, familia, etc.) te vas a ir convirtiendo en una versión desgastada de ti misma y, tarde o temprano, pasarás factura (conscientemente o no) a todo el que tomó sin dar. Porque el respeto, el amor, la ternura, la paciencia, la paz, la alegría comienzan en ti, no los sigas buscando fuera. Cuando tengas esto, la llave comenzará a abrirse en la medida justa para todos, incluyéndote a ti, y te aseguro que jamás volverás a sentirte vacía.

Kirssy Lorenzo

## PREGUNTAS PODEROSAS

*Te comparto un ejercicio para que te empoderes y, como mujer, disfrutes más el estar en tu piel:*

1- ¿Qué roles juegas en tu vida hoy? Madre, esposa, empleada o empresaria, runner o gym power, hija, hermana, política, figura pública, profesora, bloguera, estudiante, administradora del hogar... Trata de que no se te quede ninguno fuera y haz un gráfico con todos ellos.

2- describe qué haces en cada rol y qué porción aproximada de tu tiempo dedicas al mismo.

3- piensa dónde se encuentran las mayores insatisfacciones de tu vida,

Y mira el tiempo que inviertes y las acciones que ejecutas en ellas.

4 -Tienes todas las respuestas, así que ya sabes lo que tienes que hacer. La pregunta es ¿por qué no lo has hecho? Puedes encontrar pistas en los roles a los que más tiempo y/o recursos has estado dedicando.

5 -Hazte otras preguntas que pueden ayudarte a encontrar la solución: ¿a quién estás copiando y para quién estás haciendo cosas que ni siquiera son satisfactorias para ti? ¿De quién buscas aprobación? ¿Cuál es el precio que vas a pagar si no decides hacer los cambios ahora? ¿Y de qué te vas a perder por no cambiar?

# MUJER ERES IMPORTANTE

Marzo 2017, Revista Nuestros hijos

Por años fuimos un segmento pràcticamente inactivo de la poblacion hasta los ultimos 40 años, donde hemos logrado participacion en todos los àmbitos. El rol de ser sòlo  la fuente de uniòn familiar ahora es compartido con los diferentes roles que hemos alcanzado en la sociedad moderna.

La bùsqueda de satisfacer nuestras necesidades bàsicas, nuestros sueños y aspiraciones, nos han permitido desarrollar  habilidades y cualidades que nos han reconocido desenvolver nuestras facultades y expresarlas. Sea a travès  del compromiso con una profesión,  como madres o como instrumento de cambio social.

Como madres nuestro papel en el desarrollo del aspecto psicológico y emocional de nuestros hijos es significativo y clave. No sòlo somos creadoras sino también educadoras y modelos de las disciplinas, formas de comunicación,  manejo de emociones y aspiraciones a futuro que nuestros hijos tengan.

El gran reto hoy es lograr el balance. Ya que nos hemos identificado tanto con estos roles que muchas nos olvidamos de que no somos màquinas de resultados, sino humanos, con necesidades propias que al ser descuidadas ponen en peligro no sòlo al ser que somos sino, a todo eso que hemos construido y afecta a todo aquel al que impactamos, desde cada miembro en nuestro hogar hasta repercutir en la sociedad como tal.

En este mes que es nuestro, de la mujer, seria interesante hacernos algunas preguntas para ver què tan bien llevamos dicho balance, para sino, hacer los ajustes necesarios y lograrlo.

Haz una lista de los roles que hoy cumples. Ejemplos: Madre, esposa, empleada o empresaria, hija, hermana, persona, polìtica,amiga, entre otros.

Mujer eres ùnica, eres especial, eres valiosa e importante. Tus acciones, la manera en que te tratas a ti misma, diràn si te lo crees. Y sino es asì, a moverse! Descubrir que tan satisfecha podrìas sentirte con cada uno de tus roles e identificar los ajustes para crear un balance serian excelentes metas para un año apenas en pañales.

Kirssy Lorenzo

# UN NUEVO TU: CONECTANDO CONTIGO MISMO

Enero 2017, Revista Estilos

"Soy una mujer de 43 años. He tratado de cambiarme desde mi adolescencia. He cambiado mi apariencia, mi entorno, una vez hasta trate cambiar mi nombre. Se suponia que tendria un buen trabajo, un esposo, una familia, cosas por las cuales sentirme orgullosa. Sin embargo ha sido todo lo contrario. Un divorcio, 3 hijos a los que ni conozco, cada dia mas gorda, no siento tener control alguno sobre mi vida,ni sobre hacia donde va. 2 o 3 series de TV y el internet llenan mis espacios vacios y este es uno de los pocos momentos en que soy cosnciente de que no me gusta la vida que llevo, el resto del tiempo solo me ocupo de sobrevivir"

En alguna de esas vueltas de la vida, te perdiste a ti misma y diste permiso a que las circunstancias te definieran y decidieran por ti, llevandote a ser alguien que quizas ni te guste o que apenas reconoces.

Podemos repasar una y otra vez nuestra historia y quedarnos enganchados al terrible dolor de esas tristes experiencias o podemos limpiarnos las lagrimas y hacer una eleccion: hoy, ahora lo voy a hacer diferente.

## *ENFOCATE CON VISTA DE RAYOS X*

Tu cerebro funciona por rutinas y habitos que se forman la mayoria de veces, de manera inconsciente y por repeticion. Toma 21 dias desarrollarlos. Todos somos prisioneros de estos. Algunos son buenos algunos no tanto. Para lograr un cambio debemos comenzar a hacer las cosas de manera diferente.

Nuestra atencion esta controlada por el cortex prefrontal, un area de tu cerebro ubicada detrás de la frente. Si nosotros no elegimos a que atender conscientemente, esta dirige nuestra atencion hacia los pendientes y las actividades rutinarias y sin importancia que esten merodeando por nuestro entorno. Para enfocarte debes conscientemente elegir hacia donde quieres ir y volverlo una rutina para que tu cerebro te lleve a ello.

> **"Como obtener resultados distintos, haciendo lo mismo"**
>
> **Albert Einstein**

Vamos, cierra los ojos y visualizate en 1 año. Donde quisieras estar? A nivel de tu vida, de tu trabajo, de tus emociones, de tu relacion, con tu hijos, etc.? Ponlo por escrito y que deberia ocurrir para que eso fuese real. Haz una lista de estos pasos a dar y pegalo en un lugar donde puedas verlo con frecuencia (celular, computadora, pared).

## NUEVA RUTINA DIARIA

Que deberias hacer para convertirte en esa persona que visualisaste: ¿Como deberias comer? ¿Como deberias vestir?¿a que lugares deberias ir? ¿Con cuales personas deberias juntarte?¿Que actividades deberian llenar tu vida?¿Que programas deberias ver? Comienza hoy mismo a insertar estas nuevas acciones. El cambio viene con la accion, no es posible de otra manera. Cosas a considerar en esta nueva rutina diaria:

*Incluye algun tipo de ejercicio:* aunque sea sencillo al principio y sin salir de casa. 15 minutos diarios es un excelente comienzo. En tu celular puedes encontrar diversas aplicaciones que te ayuden con esto de forma gratuita. Evalua hacer yoga, es un sistema que te puede ayudar con tu fisico y con tu actitud y tambien la puedes encontrar en tu celular.

*Come para tu cerebro no para tu boca:* Una de las grandes perdidas para el humano, es comer para satisfacer al paladar y no para tener energia (verdadera razon para alimentarnos), trata de tener un desayuno poderoso que incluya frutas, alguna proteina de vegetal( barra de granola, frutos secos, etc.,) y cereales que te brinde la energia que necesitas para ser esa persona que te has propuesto. De nada nos sirven las buenas intenciones si no tenemos energia para poner en accion esos planes.

## SUPERA LA PROCRASTINACION

El principio basico por el que se rige el cerebro es que a cada cosa, evento, persona o lugar le da uno de dos posibles significados: ¿Eso (que esta ocurriendo o que va a ocurrir) es bueno (placer)  o malo (dolor) para mi?

No cambiamos por que asociamos mas dolor que placer al posible resultado. Asi cada vez que te veas evitando hacer algo, piensa: ¿que dolor tengo asociado a eso?¿De que me estoy perdiendo por no cambiar?¿Y cuales seran las consecuencias a largo plazo por permitir que mi cerebro siga comodo a costa de yo seguir en lo mismo siempre? Esta reflexion puede parecer tediosa, pero si te das la oportunidad de hacerla un par de veces, captaras la idea y veras como ya no caes en la seduccion de seguir haciendo lo mismo.

A cada pequeño avance, alimentaras la percepcion de que es posible llegar a ser esa nueva persona que visualizaste en el futuro. Cada avance te hara mas fuerte y menos postergador. Cada nueva experiencia abrira nuevas puertas con nuevas oportunidades y veras como las cosas comienzas a ocurrir y esa triste historia que te contaste por años comenzara a tener un nuevo fin, con nuevos protagonistas y una tu mas fuerte y espectacular!

**Date el permiso de ver a esa hermosa persona que llevas dentro y veras muchas otras cosas.**

Kirssy Lorenzo

# EVALUANDO LOS RESULTADOS DEL 2016

Diciembre 2016, Revista Nuestros hijos

Terminando el año es valioso pasar balance de cómo nos fue, qué funcionó y qué no, para ver redefinir las estrategias a ejecutar en el nuevo año que inicia.

¿Qué metas de las que te propusiste alcanzaste? ¿Qué no lograste y por qué? ¿Qué harías diferente en una próxima oportunidad para garantizar el éxito? ¿En aquellos casos donde no lograste lo que querías, en verdad lo deseabas? ¿Que realmente significaba para ti alcanzar esa meta?

> "No logramos nuestras metas porque asociamos más dolor que placer a alcanzarlas"

Muchas veces no logramos eso que queremos y que año tras año nos proponemos lograr porque no somos conscientes como funciona nuestro cerebro y como este puede ser nuestro mayor aliado o nuestro peor enemigo.

El principio básico por el que se rige nuestro cerebro es buscar el placer y evitar el dolor. Aquellas metas que tienen asociado más dolor que placer (muchas veces de forma inconscientes) serán imposible de lograr, pues tu cerebro quiere evitarte todo lo negativo que ha asociado a ella.

¿Perder peso? ¿Cambiar de trabajo? ¿Dejar una relación? ¿Iniciar una relación? ¿Mudarse de casa o país?, etc., suelen ser metas que, desde la primera, no logramos alcanzar. Si quieres entender porqué no las has logrado este ejercicio puede ayudarte:

1. Escribe tu meta y trata de ser especifico.
2. Haz una lista de todo lo negativo asociado a ella, todos los cambios, gastos, personas asociadas, lugares, emociones.
3. Describe en detalle que va a ocurrir en tu vida, en los próximos años de no cambiar
4. Lista todos los beneficios de alcanzar esta meta y de que te estás perdiendo por no lograrla o no comprometerte seriamente en alcanzarla.
5. La clave del switch mental radica que en tu cerebro, buscador de placer, vea que te estás perdiendo de mucho por concentrarte más en lo detallo en el punto 2 que los beneficios del punto 4.

> "Si estas verdaderamente comprometido con tu meta, el universo conspira para que la logres"

*PROPOSITOS PARA EL 2017*

La Mente es un instrumento muy poderoso. Si la usas con respeto y responsabilidad, lograrás mayor bienestar para ti y para los tuyos.

- Visualiza auto motívate con una imagen mental clara y detallada de eso que quieres ya teniéndolo, siente cómo te sentirías de lograrlo, escucha lo que te dirías o dirían los demás con esa meta alcanzada. Ahora piensa desde ese futuro y volviendo al hoy que pasos debes dar para que eso sea tal cual lo viste.
- Planifica (lo comparto en mi página web www.KirssyLorenzo.com) para ayudarte a lograr tus propósitos que se comparte.
- Haz una lista de eso que deseas lograr. Se especificó: Un nuevo empleo ganando RD$x, Un vehículo marca TAL, de TAL año.
- Recorta o imprime imágenes que visualmente expresen cada una de tus metas
- Pega cada imagen de cada meta. Descríbela y ponle una fecha en la que consideras posible alcanzarla.

Pégalo en un lugar al cual tengas acceso solo tú. Allí, trata de verlo semanalmente y como mínimo una vez al mes. Te ayudara a reconectar con tu energía y promoverá en ti pensamientos y sentimientos que atraerán las circunstancias, instrumentos y personas que llevaran a lograr tus metas.


Kirssy Lorenzo

# ¿QUE NUMERO ERES?

Octubre 2016, Revista Estilos

Lo usan empresas como **Google, Pizza Hut, Kodak, General Motor, CIA, IBM, Motorola, Microsoft, Sony, Escuela de Negocios de Harvard, Disney,** entre otros.

Se imparte en universidades **como** Stanford, Berkeley, Columbia, Queensland, Sídney, entre otras.

Es usado por coach, psicólogos, recursos humanos en las empresas, profesores, guionistas, actores e incluso artistas.

Ha tipificado a personajes como J D Rockefeller, Steve Jobs, Johnny Deep, Angelina Jolie, Jennifer Gardner, Madonna, Abraham Lincoln, Thomas A Edison, Bill Gates, Mark Zuckerberg, Gandhi, Madre Teresa de Calcuta, Michael Jackson, Princesa Diana, Albert Einstein, Tesla, Nixon, entre otros.,

*¿Ya conoces tu número?*

## ¿QUÉ ES EL ENEAGRAMA?

Con más de 2000 años, el eneagrama es un poderoso sistema psicológico y espiritual que indica que cada uno de nosotros pertenecemos a una de 9 tipos de personalidad, cada una con características muy distintivas y diferenciadoras unas de otra.

## BASE CIENTIFICA

Aunque en el momento de su surgimiento no se tenían conocimientos de neurociencias, el eneagrama planteó lo que en los últimos 50 años los científicos han identificado y dado nombre.

En 1970, Paul Mclean estableció la teoría del cerebro triuno. El cual establece que nuestro cerebro está compuesto en realidad por 3 cerebros, cada uno con funciones específicas e interconectadas entre sí.

El eneagrama plantea 3 grupos de personalidades o triadas:

Triada instintiva (cerebro reptil)
Triada emocional (cerebro límbico)
Triada analítica (cerebro neo córtex)

## ¿PARA QUÉ SIRVE EL ENEAGRAMA?

Es un camino de autoconocimiento, de revisión de nuestra historia personal y de cómo en nuestras experiencias previas hemos ido moldeando una forma de ser, sentir, y percibir el mundo. Conocer tu eneagrama más que conocer una teoría de personalidad es iniciar un proceso hacia la superación personal.

No hay un tipo de personalidad mejor o peor que otro, simplemente son diferentes. ¿Quieres encontrar el tuyo?

## TIPOS DE PERSONALIDAD DEL ENEAGRAMA

**ENEATIPO 1 PERFECCIONISTA**: Procura la perfección para sí mismo y para el mundo "imperfecto" que le rodea, la forma de lograrlo es a través de ser exigente, crítico y moralista.

Sus intenciones son muy buenas, Su problema es la forma. La manera en que lo hace le lleva a la ira que se puede reflejar en problemas en el estómago.

**ENEATIPO 2 ALTRUISTA**: Es quien gusta de servir. Busca la aprobación de los que lo rodean poniendo sus propias necesidades de lado. No sabe decir "no".

**ENEATIPO 3 TRIUNFADOR**: Busca el éxito en todo lo que hace. Busca constantemente impresionar a los demás para lograr su aprobación. Activo, su centro es el trabajo. Su debilidad es la vanidad.

**ENEATIPO 4 MELANCÓLICO**: Sensible, temperamental, ensimismado. Su lugar favorito es la nostalgia. Tiene un mundo interno de sentimientos y emociones que no exterioriza fácilmente, Cuando lo expresa lo hace a través de increíbles letras de canciones, arte y poesía.

**ENEATIPO 5 INTELECTUAL**: Cerebral, innovador, reservado y aislado. Tiene una especial necesidad de exclusividad e independencia y especial predilección a acumular conocimiento. Distanciado emocionalmente.

**ENEATIPO 6 DESCONFIADO:** Responsable, leal, inseguro y nervioso. Sufre de incertidumbre crónica: duda de sí mismo, de los demás.  Suele vacilar a la hora de tomar decisiones.  Fiel observante de las reglas y de obediencia a la autoridad.

**ENEATIPO 7 ENTUSIASTA:** Activo, amigo de pasarlo bien, espontáneo, versátil, codicioso y disperso, Curioso y optimista. Necesita diversión, amigos y novedad.

Evasivo del compromiso, Toma las cosas a la ligera evitando cualquier fuente de dolor. Su debilidad es la gula.

**ENEATIPO 8 JEFE:** Emprendedor, protector, dinámico y decidido. Vinculado a la acción y a los resultados concretos. Necesita   tener el control y le gustan las luchas de poder.  La determinación y la aparente seguridad son producto de la insensibilización de su propio mundo afectivo.

**ENEATIPO 9 DIPLOMÁTICO:** Paciente, modesto, receptivo, tranquilizador y simpático. Deja para mañana lo que debería hacer hoy. Suele evitar el conflicto y resistirse al cambio. Fuerte predilección por la rutina.

*Selena William, Eneatipo #8*

Kirssy Lorenzo

# COMO SUPERAR EL MIEDO AL FRACASO

Abril 2016, Revista Nuestros hijos

*¿Has querido hacer algo importante para ti y al final no te mueves a lograrlo?*

## CAUSAS POSIBLES

Nosotros somos el resultado de nuestras experiencias. El miedo a fracasar, aunque para cada persona es detonado por diferentes elementos o circunstancias, no es nuevo en tu vida de adulto.

Un temperamento heredado (no elegido ni cambiable) y tus experiencias durante los años de formación, han de formar tu personalidad, la cual dispondrá de ciertas características, muy peculiares, que te predisponen a tomar o no riesgos.

Te comento brevemente cada personalidad para que comiences a entender la raíz de tus miedos:

Perfeccionista: es un adulto que como niño creció en un entorno demandante al cual aprendió a adaptarse a través de la autocrítica y la búsqueda de la perfección. Con confianza en sí mismo, y seguridad en que puede hacer las cosas bien, tiende a no tomar grandes riesgos, por preferir mantenerse en su zona de seguridad. Cuando se lanza suele alcanzar buenos resultados por su dedicación, trabajo arduo y enfoque a resultados.

Altruista: es una persona enfocada a servir y ayudar a los demás. Sus propias causas no les motivan y más que miedo al fracaso es un desinterés en lograr el éxito propio.

Triunfador: Desde niño suele competir y lograr el éxito en el colegio, en los deportes, en todo lo que hace. Su capacidad para iniciar es extraordinaria, lo cual no le impide que fracase, sin embargo, tiene una gran capacidad para levantarse una y otra vez, hasta lograr lo que quiere.

Melancólico: es una personalidad creativa, temperamental, tímida para quien los sentimientos y mantener su identidad, única y especial, son más importantes que lograr el éxito. Suelen ser descubiertos por otros, y alcanzar el éxito como artistas, compositores, escritores, pintores.

Intelectual: fue un niño curioso, buscador del porqué de las cosas, esto lo vuelve excelentes investigadores, científicos, que han emprendido con su curiosidad, mucho antes de darse cuenta. Observamos algunas figuras de impacto en la historia como Bill Gates, Mark Zuckerberg, entre otros. No todas las personas de este tipo se lanzan, muchos se quedan en el proceso de adquirir más y más conocimientos, y se vuelven ansiosos, a la espera de estar listos, sin entender que estaban listos ya.

Desconfiado: es de todos, el que más temores posee. Duda al tomar decisiones, necesita consultar con alguien de confianza, buscar datos en internet y cualquier fuente confiable. Fue un niño que creció en un entorno poco fiable, fuera por padres poco tolerantes, abusivos o inseguros.

Entusiasta: No teme lanzarse. Tiene una gran confianza en sí mismo. Sabe lo que quiere, como conseguirlo y se embarca en la aventura. Personajes como Disney, Richard Branson, Steve Jobs, son ejemplos de lo que esta personalidad puede atreverse a hacer. Esta personalidad se mueve por la búsqueda de placer, variedad y diversión.

Jefe: Es una persona de carácter fuerte, que desde niño durmió al miedo. Por ello, no hay imposibles para él, y no teme a fracasar. Como el anterior, tiene una gran confianza en sí mismo, pero se mueven por el poder. Son personas que dejan su huella en las empresas, personas, países, lugares por donde ejercieron su poder. Ejemplo Roosevelt, J.D. Rockefeller, Entre otros.,

## SUPERANDO EL MIEDO

La Buena noticia, es que estos patrones de conducta de tu personalidad pueden ser cambiados. Para ello:

- Auto obsérvate: identifica cuál es tu personalidad y cuál es ese patrón que te predispone al miedo. ¿Cuándo fue la primera vez que lo viviste? ¿Qué precios estas pagando por usar este patrón o forma de conducta? ¿Qué va a pasar en tu vida en 5 -10 años si sigue dejándote llevar por tu personalidad?

- ¿Qué es lo peor que podría pasar? cuando evaluamos lo peor, nos damos cuenta de que aún ocurra, podremos lidiar con ello.

- No hay fracaso, solo resultados. Existen diversas historias de personajes que no se rindieron a pesar de haber fracasado en sus primeros intentos, Thomas A. Edison, inventor de la bombilla, El coronel Sanders de Kentucky fried chicken, entre otros, Estos descubrieron una manera de como "no hacerlo" y trataron nueva vez, y otra vez, hasta lograr lo que se propusieron.

Pacificador: es una persona que busca la paz. Suele posponer tomar decisiones o hacer cambios, por su gusto por lo rutinario.

Kirssy Lorenzo

# MÁS TIEMPO PARA MÍ

Marzo 2016, Revista Nuestros hijos

¿Porque quieres más tiempo?

Es la pregunta más importante. ¿Por qué? aunque
parezca obvia, un porque con una intensa carga emocional, es lo único que hará que te
mueves de como manejas tu tiempo hoy, a una forma más eficiente de hacerlo.

Cuando nos imponemos que "debemos" disponer de más tiempo, algo en tu cerebro se
resiste. ese Tengo que / debo de representan acciones que generan en tu cerebro, más
dolor que placer. Y cuando hablo de dolor, es un dolor verdadero.

## UN DIA ABSOLUTAMENTE PERFECTO

¿Cómo generar la respuesta correcta? Cierra tus ojos. Imagina lo que sería un día
absolutamente perfecto para ti. Piensa en la mañana de ese día. ¿Dónde estarías? ¿Con
quién? ¿Qué desayunarías? ¿A dónde harías en esa mañana? ¿Con quién almorzarías?
Que sería posible para ti en un día perfecto. Como seria tu vida, tu salud, tu físico, tus
finanzas, tus relaciones. ¿Cómo terminaría un día así?

¿Ahora, que sería necesario cumplir para lograr esa vida ideal que deseas?

Haz una lista de todo lo que te falta para llegar allí. Esta será la motivación perfecta para
lograr moverte en tu vida y crear ese tiempo que tanto anhelas.

Ahora, veamos que está pasando con tu tiempo, en la vida real:

1. Por una semana, al cierre de cada día, anota que hiciste. Irata de no perderte de
   ningún detalle. Es una tarea ardua, pero vale la pena hacerla una vez en la vida.
2. Cuando culmine la semana, toma lista comienza a identificar, las actividades en 4
   tipos de acciones:
   1. Distractores: aquellas acciones que ejecutas evitando otras que te resulta
      molesta, dolorosa, aburrida o no sabes cómo hacerla.

      Ej. Chat del celular, llamadas sociales, correos basura, etc.,

      2. Auto engaño: son aquellas actividades donde quieres complacer a los
      demás, a costa de tus propias prioridades.

      Ej.: haciendo favores, atendiendo llamadas, correos o chats.

No se trata de anular tu vida social, pero sí de hacer las cosas en el momento en que sea más conveniente para ti,

3. Stress: Son aquellas actividades que tienes que hacer ya sin tiempo, bajo presión (usualmente porque los 2 anteriores te robaron el tiempo), y que generan mucha ansiedad y stress, que afecta no solo tu disponibilidad de tiempo, sino también tu estado emocional y tu salud.

4. Realización: son aquellas actividades que ejecutas cuando estás haciendo lo que te gusta, lo que es importante para ti. Estas actividades logras integrarlas en tu vida

## ENCONTRANDO LA MOTIVACION

¿Te has preguntado, que será de ti, si sigues una vida solo cumpliendo con los demás y sin tiempo de calidad para ti y los tuyos?

¿Lista que precios estas pagando y seguirás pagando si sigues así?

Ahora piensa en todo lo bueno de lo que te estás perdiendo por no tener tiempo para lo que realmente te importa.

Nuestro cerebro es un órgano que tiene 3 millones de años funcionando de la misma manera. No le gusta los cambios. Manteniéndote en lo que muchos llaman una zona cómoda, pero que yo prefiero llamar como "tus patrones de conducta". Patrones que tienes muchos años usando, porque nuestro cerebro funciona así.  Pero es tu cerebro, no eres tú. Tú puedes elegir cambiar, porque tú eres el que manda y el que sabe la vida que quiere vivir. La vida que mereces.


Kirssy Lorenzo

# METAS PARA UN PODEROSO 2016

Diciembre 2015, Revista Nuestros hijos

Estamos a pocos días de iniciar un nuevo año y con ello se produce en cada uno de nosotros nuevas esperanzas sobre el porvenir. ¿Cómo lograr materializar esos sueños? Pues te compartimos hoy como.

¿Qué es lo que más deseas? Date la oportunidad de soñar.
Cierra tus ojos. Piensa en cómo sería un día perfecto para ti. ¿Quiénes estarían allí contigo, qué harías, dónde vivirías, a dónde irías, que sería posible para ti en un día así? ¿Qué comerías, con quién, en dónde? ¿Qué tendrías, que sabrías, cómo estaría tu salud, tus finanzas, tu imagen, tu espiritualidad?

Ahora anota todo lo que viste en ese sueño. De eso, que no tienes aun, ¿qué se puede convertir en una meta?  Te comparto a continuación una herramienta muy poderosa para comenzar a convertirlo en realidad.

*MAPA DE LA PROSPERIDAD*

Este nos ayuda a conseguir lo que deseamos.  Si estas comprometido con lo que deseas, el universo conspira para que lo logres. ¿Qué es lo que más quieres? Busca imágenes en revistas, internet, y pégalas en una cartulina o en papel, o hazlo en la computadora. Dale fecha a ese sueño y coloca esta imagen en un lugar donde lo puedas ver con frecuencia para que te mantengas enfocado. Verás cómo esas fechas comienzan a cumplirse. No es magia, es enfoque.

Quiero hacerte una pregunta en este punto. ¿Todo eso que deseaste es para ser más feliz? Vuelve y revisa tu lista. ¿Solo necesitas eso para ser feliz? ¿Y de verdad, vas a ser feliz cuando logres eso?

Muchas veces enfocamos nuestros pensamientos, tiempo y esfuerzos en lograr seguridad económica, porque creemos que cuando la logremos por fin, seremos felices, por fin no estaremos tan estresados, por fin no pelearé tanto. Para darnos cuenta de que pasaran años y años antes de lograrlo, si es que algún día se logra ese estado de no pensar en dinero.

Para que inicies un verdaderamente poderoso 2016, te comparto algunas claves:

Esta propuesta se basa en un cambio en la forma de vivir y pensar la vida por lo cual necesitaras de cierto esfuerzo, persistencia y repetición. Estas acciones elevarán tus niveles hormonales para producirte a diario mayor sensación de bienestar y felicidad, las bases para el éxito:

- Cada día dedícate a meditar al levantarte 5 minutos.
- Pon la música que a ti te llena de energía todas las mañanas, no la emisora, sino un playlist elegido por ti de tus canciones, no importa la época, pero que a ti te muevan.
- Haz cada día un acto de gentileza intencional y planeado. Nada complicado ni costoso. Veras como eso te hará sentir.


Kirssy Lorenzo

# LEY DE ATRACCION Y COMO LOGRAR TUS METAS

Diciembre 2015, Revista Mujer única

## ¿TIENES GRANDES SUEÑOS PARA EL 2016?

Si te preguntas si podrás lograrlos, queremos compartirte una herramienta muy poderosa para que así sea.

La ley de la atracción dice: "Si estas verdaderamente comprometido con tu meta, el universo conspira para que la logres" y queremos ser tus cómplices en este proceso.

> **"Si estas verdaderamente comprometido con tu meta, el universo conspira para que la logres"**

La ley de la atracción es una ley de la naturaleza, siempre ha existido, siempre se cumple. Nuestra mente que vive llena de pensamientos asociados a nuestras preocupaciones respecto al futuro, a las finanzas, al negocio, a la pareja, a la salud, alimenta nuestros temores y genera que atraigamos más de lo que no queremos. Cuando cambias tus pensamientos, cambian tus resultados.

¿Cuál es el pensamiento que más te domina? ¿Qué crees que atrae ese pensamiento a ti?

## EL PODER DE LA VISUALIZACION

Además de verte en tu mente con la meta ya lograda, te compartimos una herramienta visual que te ayudará a mantenerte conectado a esas metas. El mapa de la prosperidad te ayuda a que mantengas el foco en eso que tanto deseas apoyándote a concentrar tu pensamiento en lo que quieres, no en lo que temes.

Desde los 19 años he utilizado esta herramienta cada diciembre para planificar mis metas del nuevo año. Involucra a tus hijos, que ellos realicen su propio mapa. Los míos ya tienen 3 años creando su propio mapa de la prosperidad y los resultados no solo te permiten lograr lo que deseas, sino que también aumentan tu autoestima y autoconfianza.

Necesitarás revistas, periódico y/o internet, tijeras, pegamento, 1 cartulina o papel construcción.

Paso 1: Haz una lista de eso que deseas lograr. Se específicó en: cantidad, color, tamaño. Ejemplo: Un nuevo empleo ganando RD$xx,xxx.xx, Un vehículo marca TAL, de TAL año. Recorta o imprime imágenes que visualmente expresen cada una de tus metas, concéntrate en metas a realizar en los próximos 3-6-12 meses.

Paso 2: Pega cada imagen de cada meta. Escríbela y ponle una fecha en la que consideras posible alcanzarla. Se realista, confía en ti y date el permiso de creer que todo es posible si crees en ti.

Paso 3: Pégalo en un lugar al cual tengas acceso solo tú. Allí, trata de verlo semanalmente y como mínimo una vez al mes. Te ayudará a reconectar con tu energía y promoverá en ti pensamientos y sentimientos que atraerán las circunstancias, instrumentos y personas que te llevarán a lograr tus metas.

*¡Date el permiso de soñar!*

Kirssy Lorenzo

## 3 PASOS PARA QUE LA LEY DE ATRACCION TRABAJE PARA TI

La Mente es un instrumento muy poderoso. Si la usas con respeto y responsabilidad lograras mayor bienestar para ti y para los tuyos.

Aquí te comparto algunos tips, para que logres que esta ley trabaje a tu favor:

- Crea afirmaciones que aumenten tu autoconfianza: "soy responsable", "soy trabajadora", "" soy próspero", entre otras.,

- Visualiza auto motívate con una imagen mental clara y detallada de eso que quieres ya teniéndolo. Siéntete cómo te sentirías de lograrlo.

Agradece Una de las emociones más poderosas es el agradecimiento. Si al cierre de cada día anotas de qué te sientes agradecido en ese día, verás cómo física y anímicamente te sentirás mejor.

# RECUPERA LA PASIÓN EN TU VIDA

Noviembre 2015, Revista Infocarol

Todos nacemos con un fin en este mundo. Algunos están claros cual es el suyo y viven la vida que creen merecer. Otros nos perdimos en el camino porque algo nos pasó. Fuera un accidente, una relación que fracaso, un empleo del que nos cancelaron, un embarazo a destiempo, una carrera que no resulto ser lo que esperabas. Tal vez no pasó nada, pero veías para ti un futuro más promisorio y hoy no es nada de lo que esperabas. Tal vez tenías una idea del amor que no es parecida en nada a lo que estás viviendo hoy en tu vida y has perdido esa pasión por tu trabajo, por tu pareja, por tu vida. La buena noticia es que se puede recuperar.

Sea lo que fuera que te saco de ruta, hoy tienes la oportunidad de descubrir que te impide avanzar y superarlo. Mira a tu alrededor, conoces o has escuchado hablar de alguien que le paso algo terrible. Una Louise Hay, quien narra al final de sus empoderantes libros como su vida cambio cuando fue violada por unos desaprensivos y como esto no la detuvo de lograr superarse. Pero sabemos de otra chica que le paso algo similar y aun cuando lo cuenta siente el dolor y revive toda la experiencia como si recién la hubiera experimentado, cuando ya paso bastante tiempo. ¿Que diferencias ves entre ambas mujeres? Ambas fueron forzadas, ambas les paso algo terriblemente doloroso física y emocionalmente. La diferencia que hace la diferencia es el significado que cada una le dio a su terrible experiencia. Para una la vida comenzó a partir de lo que le paso. Para la otra, la vida se detuvo por lo que le paso.

¿Qué significado le das a lo que te está ocurriendo? ¿Qué preguntas te haces a ti mismo que más que permitirte avanzar, te mantiene congelado en el tiempo, aun a sabiendas de las consecuencias que esto está degenerando en la calidad de tu vida y emociones? ¿Sabías que cambiando la pregunta que te haces cambias la forma en que reaccionas a ellas?

Qué pasaría si frente a una situación inesperada, dolorosa, molestosa en vez de preguntarte: " ¿Y porque a mí? " o "Siempre me pasa lo mismo", "otra vez yo", entre otras frases conocidas, que pasaría si te dijeras: "Que no estoy aprendiendo de estas situaciones" o ´Que tengo que aprender de esto que paso", o "Que tengo que agradecer de esta experiencia", entre otras alternativas.... La esencia es que te des la oportunidad de mirar con otra cara la misma experiencia, para que esta no haga más daño del que ya causo.

Porque cuando no superamos las experiencias dolorosas, nos vamos perdiendo a nosotros mismos, vamos perdiéndole el sabor a la vida, dejamos de vivir y sobrevivimos y esa pasión que nos movía, se duerme.  Pero esto solo dormida y está dentro de ti.

¿Quién eras antes de que eso te pasara? ¿Qué te gustaba hacer, que crees que ya no puedes? ¿Qué estás haciendo que no quieres hacer y sigues en eso por el beneficio de otros? ¿Y que pasa contigo, acaso tú no eres importante? ¿Acaso no mereces que sientas esa penita por ti? ¿Y si a ti no te dueles, porque le dolerías a otros?

Vuelva a casa, supera tu historia, suena con una historia diferente, una con un final que se parezca a la verdadera tú, ten fe, date el permiso de soñar, la vida puede ser maravillosa solo cambiando tu perspectiva.

# LO QUE DICE TU ROPA DE TI

Octubre 2015, Revista Pandora

*¿CUAL ES TU PERSONALIDAD Y COMO CONTROLA TU VESTIR?*

A todas nos pasa que con el closet lleno de ropa nos sentimos que no tenemos nada que ponernos o duramos mucho tiempo frente al closet tratando de decidir qué ponernos, cuando sabemos qué nos queda bien y que no o cuáles combinaciones nos favorecen. Es una lucha interna constante sobre lo que queremos que los demás vean y lo que nos atrevemos realmente a usar.

Todos tenemos un yo autentico dentro que de acuerdo con la salud de nuestra personalidad sale o se mantiene oculto. Cuando eres autentica, te das permiso de usar lo que te gusta, te hace sentir bien, te define. La realidad es que nuestra personalidad es quien más domina nuestro vestir y veamos que está haciendo por o contra nosotras. Porque la ropa habla y habla de ti:

## CUANDO SOLO USAS NEUTRALES (PIEZAS Y TONOS)

Está muy asociado a la personalidad perfeccionista quien a conciencia sabe el impacto de vestir lo correcto, pero quizás posees una edad, estatus, posición social, económica o laboral, que aun fuera flexible, tu psico-rigidez, tu autocritica y el miedo a lo que piensen los demás, te lleva a llegar con ciertas ideas a la tienda y terminar eligiendo los mismos colores negro, blanco, crema y azul oscuro. Cuando te arriesgas y usas tonos alegres recibes un montón de elogios los cuales no son suficientes para convencerte de salir de tu estilo clásico y hasta aburrido.

## CUANDO SOLO USAS PANTALONES

Te has convertido en alguien práctico y ser femenina no es suficiente razón para ti, para justificar un vestido o una falda y toda la parte operativa que implica usar estas piezas. Quizás no fue siempre así, pero tus convicciones vienen desde dentro de ti, no fuera. No te importa tanto lo que piensen como te importa estar acorde con lo que tú crees.

## CUANDO NO REGALAS NADA Y TIENES TU CLOSET LLENO DE ROPA VIEJA

Es porque tu personalidad tiene dificultad para soltar el pasado. Sabes que te quedaría bien, pero una vez frente al closet, vuelves a lo viejo, a lo que no te queda, a lo conocido, aun a sabiendas (y es increíble) que no te favorece. Usualmente son personalidades ansiosas, autocriticas, que temen salir de su zona de confort y no están proyectando en realidad todo el potencial que tienen.

## CUANDO TIENES MUCHA ROPA SIN ESTRENAR

Has dejado salir a la niña dentro de ti a la hora de comprar, pero a la hora de vestir, el crítico te supera y vuelves a las mismas piezas que usas semana por semana. No que no te favorezcan, pero sabes que podrías ser más arriesgada.

## CUANDO USAS EL MISMO ESTILO EN DIFERENTES COLORES

Analítica, racional y estratega es la justificación. Podrías hasta sentirte orgullosa de no perder este tiempo en algo que entiendes no merece tanto tiempo, pero detrás de actitud hay más razones. Cuando una relación, una situación personal o laboral no funciona como queremos en un momento nos cerramos y decimos "ya no pienso más en eso" lo cual no quiere decir que ya el asunto está solucionado. Negándonos a pensar más en eso, no solo se queda en lo emocional, sino que refleja cómo nos cerramos a muchas otras cosas en nuestra vida, incluyendo en este caso que nos compete, lo que usamos.

## CUANDO SIEMPRE USAS ROPA MUY CEÑIDA O DEJAS VER MUCHA CARNE

Aun de caminar desenfadado, aquella persona que se toma mucha atención en llamar la atención con lo que usa está buscando (consciente o inconscientemente) aprobación. En su subconsciente reside un mensaje que fue grabado hace mucho tiempo, quizás hasta fue en la infancia. El punto es que este mensaje dice que, si te hacen un halago, si alguien se voltea a mirarte, si otras damas te rechazan, es que estas bien y eso para ti fue codificado como bueno.

Lo que vendes, es lo que los demás te compran. Dicen que las ropas deben ser lo suficientemente ceñidas como para mostrar tu figura de mujer, y lo suficientemente sueltas como para dejar ver que eres una dama.

## CUANDO TE CUBRES DEMASIADO

Este tipo de vestimenta tiene muchos mensajes posibles. Cuando tienes algo de lo que no te sientes orgulloso, un pasado, un presente o pensamientos, tratamos de cubrirnos, desaparecer, pasar desapercibidos, desaparecer y recurrimos a la ropa para ayudarnos a esto.

Cuando una persona ha vivido algún proceso de transformación, quiere con su forma de vestir comunicar su arrepentimiento, su vergüenza, a veces hasta un autocastigo o gritar al mundo que ya no eres la persona de antes. El asunto es que al único que necesitas convencer es a ti mismo cuando esto ocurra, no necesitaras usar nada para que te crean, tus actos serán muestra de tu congruencia y entonces comenzarás a ser menos duro contigo y tu autenticidad brillará.

## CONCLUSIONES

No existe un estilo "correcto". Aquí buscamos que descubras las razones psicológicas detrás de tus decisiones de compra y de la imagen que proyectas. Pues mientras más información tenemos, más poderosos somos. Y nuestra meta es que estés más en dominio de ti y que te des la oportunidad de ser cada día más feliz y que lo proyectes.

Kirssy Lorenzo

# ¿ERES DESPEGADA EMOCIONALMENTE?

Abril 2015, Revista Nuestros hijos

Los seres humanos tendemos a establecer lazos y dependencias a personas y cosas. Esto puede convertirse en un apego sano, en un excesivo apego o en un desapego emocional.

## ¿POR QUE HABEMOS PERSONAS APEGADAS Y OTRAS NO?

Los seres humanos para vivir necesitamos satisfacer nuestras necesidades básicas que son: seguridad (la necesidad de cosas básicas que nos garanticen la vida y sobrevivencia: como comida, techo, ropa, dinero para el colegio, etc.,), conexión (la necesidad de amar a otras personas), significado (la necesidad de sentirnos valiosos, especiales, fuera del montón), variedad (la necesidad de no hacer lo mismo siempre, de huir a la monotonía).

La manera en que nuestros padres satisfagan estas necesidades en los años primarios y de formación, van a determinar la forma en que conectemos con los demás y cómo desarrollamos relaciones con estos, apegadas o desapegadas.

Una herramienta muy poderosa para mi trabajo como coach, es el eneagrama. Es una filosofía milenaria, con más de 2000 años que clasifica a las personas según características muy distintivas en 9 tipos de personalidad. Estas personalidades o eneatipos, que surgen de acuerdo con el impacto de mi entorno (padres y cuidadores) y al temperamento con el que nacemos, harán de mí una persona más apegada o no a la gente en mi vida.

Brevemente le comparto porque una u otra, se apega o desapega. Identificar en cuál de los eneatipos te encuentras, te puede ayudar a resolver situaciones con tus relaciones afectivas:

**Eneatipo #1**: tiende a buscar seguridad, a través del control y la crítica. No es muy apegado a la gente, puesto que vive para hacer lo correcto, no importa lo que tenga que hacer para lograr que las cosas desde su perspectiva se hagan bien. Como padres pueden ser estrictos y desapegados, llevando a lo largo de los años a que luego los hijos se alejen.

**Eneatipo #2**: Altruista: es alguien que se mueve por conexión. Necesita querer y ser querido. Suelen desarrollar apego excesivo a las personas, llegando a provocar en otros rechazos por ellas.

**Eneatipo #3**: El triunfador. Vive para alcanzar el éxito. El mundo gira en torno a sus prioridades y afán de logros. Suelen ser egocéntricos y con sus actos buscar la aprobación de la gente, a quienes ven más como un público que como alguien por quien sienten alguna emoción. Esto los lleva a ser fríos y desapegados.

**Eneatipo #4:** El individualista: Es una persona que desde niño se ve a sí mismo como diferente y especial lo cual demuestra en su forma de vestir, actuar, pensar. Suelen tener inclinación por el arte, en cualquiera de sus manifestaciones. Son muy ensimismados y de sentimientos profundos, que suelen tratar de no mostrar pero que sale en su arte, en sus canciones. Suelen ser muy apegados, depresivos, tristones.

**Eneatipo #5**: El intelectual: es el rey del desapego. Desde niño vivió el descuido o poca atención de los adultos y desarrolló una independencia que de adulto le hace pensar que no necesita de nadie. Pueden desarrollar la necesidad de una pareja, pero no conectan. Cayendo en un juego de te quiero no te quiero.

**Eneatipo #6**: El desconfiado: es una persona que duda de todos, hasta de sí mismo. Apegado, fuertemente, cree necesitar de alguien a su lado para estar bien. Son fieles y leales, aunque algo hipocondriacos y/o temerosos.

**Eneatipo #7**: El entusiasta. Es alguien encantador. Sabe seducir y vender las ideas. Vive para la diversión y la variedad. Busca el placer y evita el dolor. Apegados a la madre, desapegados a una pareja y hasta de los hijos en los casos de mayor insanidad. Terriblemente egocéntricos

**Eneatipo #8**: El jefe. Busca el control en todo lo que hace. Son amigos de sus amigos y enemigos de sus enemigos. Posesivos, puede parecer algún tipo de "apego" la forma en que tratan a la pareja y el control que tienen sobre ella, pero realmente es una manifestación de su territorialidad, más que de necesitar al otro. Pues son duros e independientes.

**Eneatipo #9:** El diplomático: busca la paz, evita el dolor. Le importa tanto lo que siente los demás, que vive evitando el conflicto, aun tenga la razón. Tienden a tener un apego donde ponen a los demás, por encima de sí mismos.

Kirssy Lorenzo

# ¡EMPODERÁNDOME PARA UN GRAN 2015!

Marzo 2015, Revista Miranda

Espero que hayas disfrutado de las fiestas de navidad y fin de año. Quiero desearte en este nuevo 2015, un grandioso año. Tan grande que se convierta en uno de los mejores años en tu vida.

Aprovecho la oportunidad para agradecerte el que te detengas de tu constante trajinar y me estés dedicando toda tu atención. Espero que este artículo te sea de utilidad y apoye el reto de convertir este 2015 en un gran año.

Para ello debes entender a qué tipo de persona perteneces, puesto que existen 2:

Las que nos movemos por referencia interna y las que se mueven por referencia externa.

Si pensamos que los resultados están siendo controlados por algo externo tendemos a pensar que no podemos cambiarlo. Que somos víctimas de las circunstancias, del destino, de la suerte, del país, de la política, de la economía, etc.,

En cambio, si nuestros parámetros de referencia son internos, creemos que podemos controlar lo que nos ocurre, dándonos esto la oportunidad de creer que podemos hacer algo para cambiar lo que nos está pasando. Lo cual (ojo) no significa que tenemos el poder de cambiarlo todo, pero al menos nos moveremos y es una gran diferencia.

- ¿Es el conductor que comete la negligencia que hace que te cambie el humor esa mañana, cuando quizás ni él ya se acuerde de lo que hizo?

- ¿Es el comentario descuidado que te hizo un vecino/compañero/pareja al cual le diste dimensiones catastróficas y ya ni el mismo se acuerda de lo dijo o hizo?

- ¿Es el jefe/pareja/desconocido que te grito y aun te sientes dolido, cuando el otro ya te está hablando en su tono normal o ni cuenta se dio de cuando cambio su propio tono?

¿Te das cuenta de cuantas veces decides sentirte mal, por algo que sientes como un atropello HACIA ti cuando es más un tema del otro ¿Qué vida vivió esa persona que necesita gritar/golpear/chismear/criticar para recuperar el control de la situación? ¿O qué es tan poco delicado que dice cosas que podrían decirse de otra manera? ¿Qué experiencias lo han hecho actuar como lo hace? ¿Te das cuenta de que no se trata de ti? De que es algo en esas personas mucho antes de que tú las conocieras y que independientemente de ti, es la forma en que esa persona contigo y/o con otros, han aprendido a comunicar sus propias frustraciones/emociones/incapacidades/miedos?  Cuando eres capaz de verlo así, dejas de ser la victima de los demás y comienzas a quitarle el poder que les has dado a otros, sobre ti.

Lo que te permite cambiar tu foco de referencia y comienza a empoderarte y a tomar el control de cómo te quieres sentir, de qué te conviene decir, de qué paso ahora vas a tomar…y los resultados (para tu vida personal y profesional), te aseguro, comienzan a ser diferentes.

*RECOMENDACIONES PARA CAMBIAR EL PARAMETRO DE REFERENCIA*

Mientras estés considerando como parámetro lo exterior, no vas a poder lograr eso que más quieres en tu vida, porque siempre sucumbirás a la tentación de culpar a alguien o de esperar que alguien haga algo, para que tú estés bien o sea feliz. Modificando el parámetro de referencia, comienzas a tomar responsabilidad por tu vida:

✓Una clave en el manejo de la emoción es que no podemos sentir una emoción negativa y otra positiva al mismo tiempo. Así que, para comenzar a cambiar, una emoción de las más poderosas es el agradecimiento. ¿Por que te sientes agradecido (a)? ¿De qué? ¿O de quién?  ¿Y cómo te hace eso sentir?
✓¿Qué pasaría si todos los días te dieras la oportunidad de dedicar 1 minuto a recordar solo 1 cosa por la cual podrías sentirte agradecido? ¡Sería un comienzo sensacional!
✓Toma responsabilidad por TODO lo que pasa en tu vida. Nada ni nadie tiene el poder de hacerte sentir de una manera o de otra, si tú mismo no le concedes ese poder.  Te suena familiar

¡No es fácil! ¡No va a ser siempre agradable! PERO: ¡Los resultados serán mucho mejores y te permitirán transformar este nuevo año en uno mejor!

¡Suerte!


Kirssy Lorenzo

# ¿COMO LA PNL PUEDEN AYUDARTE CON LA DEPRESION?

*Diciembre 2014, Revista Infocarol de Farmacias Carol*

La depresión es un problema de salud mental y emocional. Los factores que la provocan son diversos, en ocasiones puede ser por un fuerte impacto emocional, algún suceso en la vida o por un desbalance químico, sin embargo, dicho desorden emocional se prolonga, no necesariamente por estos factores, sino por el patrón mental que cada persona ha desarrollado inconscientemente a lo largo de su vida.

Experimentamos la vida en estados mentales y emocionales específicos los cuales se componen de: Pensamientos, Posturas, movimientos, gestos y ritmo respiratorios. Estos estados son una reacción y son inconscientes. Estos estados los creamos a partir de nuestro mapa mental. Mi mapa mental contiene las claves para lo que me hace feliz y lo que no.

Estos estados gobiernan nuestro aprendizaje, memoria, percepción, comportamiento y comunicación. Cuando un estado es intenso o fuerte, podemos experimentar dependencia de este. Un estado es creado en base a: imágenes internas, dialogo interno (conversación con nosotros mismos) y Fisiología.

La programación neurolingüística estudia, explica y provee de herramientas para solucionar las situaciones que se nos presentan dado el poder que el lenguaje tiene sobre como interpretamos lo que nos pasa y que acciones tomamos frente a esto en función a los patrones mentales que poseemos.

Ciertos estados pueden convertirse en aditivos, quiere decir que satisfacen una serie de necesidades como otro estado o actividad no puede, por lo tanto, la persona puede recurrir frecuentemente a este estado de manera inconsciente, sea como un hábito aprendido de su entorno o porque no encuentra o no conoce otra forma de sentirse igual.

Salir del estado depresivo dependerá de la actitud que se tenga hacia el mismo. A veces no logramos escapar de ella por un conflicto que experimentamos a lo interno, donde una parte quiere sentirse mejor, pero otra parte está habituada a estar deprimida. Hasta que ambas partes no estén de acuerdo, el cambio en el estado no se lograra y no saldrás por ende de la depresión. Este conflicto puede surgir porque:

✓ Al estar deprimido(a) conectas contigo o con los demás: recibes atención, cariño, etc.,

- ✓ Al pasar por periodos repetidos de depresión esto se vuelve un patrón aditivo del cual resulta difícil salir.
- ✓ No crees poder lograrlo. Sea por que te sientes culpable de estar bien o por pensar que no lo mereces. dependerá que creencia tienes al respeto de quien eres, que mereces y que no.
- ✓ O una mezcla de las anteriores.

Es descubrir que la depresión en sí es un estado compuesto por postura física (a veces hombros caídos, mirada baja), un mensaje que te repites a lo interno y que es terriblemente negativo. Hemos realizado la dinámica de pedirle a una persona que se siente deprimida, que recuerde un momento de intensa felicidad. ¿Que vestía en ese momento, que hacía, como estaba sentado, parado o acostado? ¿Que recuerde que sintió, que vio, que escucho?, lo que ocurre sin este darse cuenta es que sale de esa depresión, en cuestión de segundos. Al descubrir esto, entonces comienza a buscar en su mente esos pensamientos negativos que lo sumerjan nuevamente en la depresión, porque no se cree que fuera tan fácil, salir de ella. Pero si es así de sencillo. La mente es muy poderosa, para lo que nos hace bien y para lo que nos hace mal. ¿Está en ti elegir cuál te conviene más?

Recuerda un momento en tu vida, donde algo que parecía imposible de lograr, lo alcanzaste. ¿En qué estado estabas en ese momento? ¿Que imágenes veías en tu mente? ¿Que palabras te decías a ti mismo? ¿Que te decían otras personas en ese increíble momento de éxito? ¿Qué tan brillante veías las cosas? ¿Qué creías de ti mismo en esa ocasión? Este sencillo ejercicio puede sacarte de un estado de desapoderamiento e incertidumbre y moverte a un estado de poder donde las cosas se te hacen más fáciles de lograr. ¿Te das la oportunidad de elegir a partir de ahora, tus estados? Espero que sí. ¡Muchísima suerte!


Kirssy Lorenzo

# ¿POR QUE NO LOGRO AVANZAR?

*COMO SALIR DEL ESTANCAMIENTO E INCREMENTAR TUS RESULTADOS*

Noviembre 2014, Revista Miranda

A veces nos sentimos estancados, sabiendo lo que queremos hacer, pero sin dar el paso para hacerlo. Con muchísimas ideas de cómo llevar el negocio a otro nivel, la propia vida, pero viendo que pasan los días y aún nada y comienza la ansiedad a hacer de las suyas y presionarnos. La situación se agrava porque está el préstamo que hay que pagar, la tarjeta que ya cortó, y a más presión, menos acción.

Como coach, una de las herramientas más poderosas para ayudar a mis clientes y a mí misma, es hacer preguntas poderosas. Si estas en esta situación, donde sientes que podrías estar volando, pero no arrancas, entra en esta dinámica del cuestionamiento y vas a descubrir qué, por qué y para qué sigues aún sin tomar acción en tu vida:

### ¿QUÈ ES LO QUE REALMENTE QUIERO?
Parece una pregunta tonta, pero no lo es. El iniciar en algo que queremos o tenemos que hacer se nos hace difícil por diversas causas:

- ✓ El miedo a la incertidumbre. ¡Qué cosa más buena y cómoda que tener todo previsto!, ¿no? Sin embargo, de cuantos beneficios, placeres, alegrías, emociones podríamos estarnos perdiendo por creer que las decisiones se toman solo si todo está asegurado.

- ✓ Inexperiencia en la toma de decisiones: los pocos que avanzan son los que se atreven. Muchas veces otros han tomado la gran mayoría de las decisiones en nuestras vidas, y nos acostumbramos a esperar. ¡Despierta! ¡Es tu vida!!!!!
- ✓ Estamos sobresaturados de demandas de los demás: emails, reuniones, colegio, clases, Gym, WhatsApp, de Facebook, Twitter, el trabajo, la pareja, los hijos...todos pidiéndonos que tomemos decisiones al instante. Nos sentimos sofocados, agobiados y cedemos a lo que percibimos como más urgente, posponiendo así las decisiones más difíciles, hasta que nos cae el tiempo encima.
- ✓ Estas en un conflicto interno: que es la situación de contradicción interna a la que una persona es expuesta cuando debe tomar una decisión, y 2 partes de sí mismo (el yo auténtico y su ego) tienen posiciones contrarias. El conflicto termina cuando se toma una decisión, que puede ser difícil, pero es necesaria. ¿Cómo tomo la decisión y doy el paso?

### ¿PARA QUE QUIERO HACER ESTO?
Frente a un problema, nos concentramos tanto en las emociones asociadas al mismo, en el "problema", en los síntomas y consecuencias, que nos olvidamos realmente de lo más importante. El Para qué:
- • ¿Para qué yo quiero hacer esto?

- ¿Qué beneficios busco? ¿Cómo me quiero sentir? ¿Qué voy a lograr?
- ¿Qué beneficio tendrán los demás de dar este paso? ¿Qué tan feliz seré y los demás?

## ¿Y QUE HAGO?

Una de las razones por las que nos paralizamos y no tomamos las decisiones, es porque analizamos la situación en la cabeza y así es difícil ver todas las alternativas y opciones de forma objetiva.

Así que la próxima vez que tengas que decidir, sin mucha formalidad, toma una hoja de papel y comienza a escribir:

1. Antes de comenzar, dite: HOY VOY A TOMAR UNA DECISION.
2. Define de manera objetiva la situación. Quítale la emoción y trata de verlo del tamaño que realmente es, no más grande.
3. Date la oportunidad de contar con más de 1 o 2 opciones. En cada opción plantéate los pros y los contras. Compáralos y elige de las alternativas la que frente a tu realidad te da los resultados más satisfactorios con menor riesgo.
4. No esperes tenerlo todo seguro para tomar una decisión. El elegir entre A o B, es un tema de probabilidades, nunca tendrás la garantía de que será tal cual pensabas, por lo tanto, arriésgate. Y recuerda que las decisiones no son estáticas. Y que, si hoy tomaste una decisión, mañana si no te conviene, puedes cambiarla.

Date la oportunidad de probar este método y recuerda lo que dijo Albert Einstein: "Una definición de locura es esperar obtener resultados distintos, haciendo lo mismo".

Kirssy Lorenzo

# DATE EL REGALO MÁS GRANDE

Diciembre 2014, Revista Mujer única

Esta temporada es de abundancia. Abunda la diversión, la alegría, los regalos…

Este año que termina porque no te das un regalo: EL CAMBIO. Un cambio de vida, un cambio en las emociones, en la perspectiva, en las expectativas, en las finanzas, en tu cuerpo, en tu relación, en lo que significa tu vida.

Estoy muy agradecida de esta fabulosa oportunidad de compartirte algunas herramientas que te permitan crear un 2015 impresionante.

✓ Visualízate teniendo ya lo que quieres lograr. Siente las emociones que experimentarías si ya lo tuvieras. Salta, ríe, goza como si en este momento lo tuvieras en frente.

✓ Busca un motivo de peso que te conecte con la meta. Si no hay una razón poderosa, el dolor asociado al cambio, impedirá que valores el placer de lo que te estás perdiendo.

✓ Recuerda un momento en el pasado donde lograste lo que parecía imposible. ¿Qué te dijiste, sentiste u oíste que te movió al cambio? trae esa energía al ahora para que te impulse a lograr el nuevo reto.

✓ Detalla los pasos a dar para que eso se logre y ponle fecha, mínimo al primer paso. Si puedes dalo ahora mismo.

¡Date el permiso de soñar y ábrete a la posibilidad maravillosa de crear para ti, un fabuloso 2015!

¡Te lo mereces!

Kirssy Lorenzo

# COMO MANTENERTE CENTRADO EN LO QUE REALMENTE ES IMPORTANTE PARA TI

Agosto 2014, Revista Nuestros hijos

LAS MUCHAS RESPONSABILIDAES EN EL TRABAJO, COLEGIO, CLASES OPCIONALES, FAMILIA Y OTROS AMBITOS DE LA VIDA NOS HACEN PERDER EL ENFOQUE Y OLVIDARNOS DE SI ESTAMOS HACIENDO LO QUE REALMENTE QUEREMOS

Nuevamente inicia otro año escolar. Con el cual viene el ajetreo de llevar y traer al colegio, cumplir con el trabajo, hacer las compras, llevar y traer a las clases de inglés, natación, francés, entre muchas otras cosas.    Con demasiada frecuencia nos abrumamos y nos sentimos mal porque entre cumplir con todos, dejamos de cumplir con nosotros mismos, con las cosas que más nos interesan, con aquello que más nos importa.

Observa las oportunidades que puedes tener en dos aspectos en los que usualmente tenemos más situación para mantenernos enfocados:

- **Tiempo con los niños**: a veces terminamos el día y ya agotados nos damos cuenta, que, aunque estuvimos bajo el mismo techo, no compartimos de cara a cara con nuestros hijos. Para evitar esto, cada vez que vayas a iniciar una nueva actividad dentro de la casa (limpiar, fregar, recoger, trabajo de oficina, ver Tv, etc.,) pregúntate: ¿Qué es más importante para mí, ahora? En verdad tengo que hacer esto: ¿ahora?, ¿A quién puedo delegar esto? ¿Cuánto podría esto esperar? ¿Una hora, un día, una semana? Con estas preguntas podrías darte cuenta de que muchas veces nos presionamos para hacer cosas que no son importantes, aunque a veces parecen urgentes. Darnos cuenta nos permite negociar con nosotros mismos y disponer de un tiempo para estar en un contacto más directo con nuestros hijos.

A veces nos pasa que disponemos del tiempo, pero no sabemos qué hacer, puede ser que no tengas muchas ideas porque copias los patrones que tus padres aplicaron contigo. Pero hoy puedes cambiarlo solo con tomar la decisión y que pienses, que ellos merecen toda tu atención.    Invéntate una noche de juegos de mesa. Juega al escondido, siéntate y aprende a jugar wii o cualquier otro juego que tu hijo tenga. Hagan la cena juntos, Péinense mutuamente, hagan la compra juntos, no te limites a hacerlo, sino que cacaréalo para que el niño vea que es su momento especial contigo.

- **Tiempo para ti**: ¿Qué haces excelentemente bien, que no tiene que ser hecho? ¿Qué tiempo extra le estas brindando a tu trabajo que nadie te solicito explícitamente? ¿De qué otras maneras estas conectando contigo mismo(a) que te están siendo suficientes como para no tener el impulso y la motivación de sacar un tiempo para divertirte o para estar en paz, lo que prefieras?

A veces se nos complica más en la cabeza que en la realidad. Observa a tu alrededor que están haciendo otros. Que conductas estas repitiendo de tus progenitores o criadores principales que te pueda estar impidiendo darte el permiso para hacer algo para ti. Pregúntate: ¿Merezco y, tener diversión sana? ¿Merezco yo un tiempo para mí, sin sentir remordimientos o sentir que le quito algo a los demás? ¿Cuándo comenzaré a ser más consecuente conmigo? ¿En 5 – 10- 15 años? La respuesta que te des a ti mismo(a), te explicara el porqué. Entendiendo la razón, hallaras la respuesta y podrás generar el cambio.

Cuando no hacemos algo que pensamos que queremos hacer, regularmente no es un asunto de tiempo, es un tema de falta de motivación. ¡Y esa motivación puedes crearla en minutos!

¿Qué pasará en mi vida sino hago eso que tanto quiero? ¿Vale la pena seguir siempre cumpliendo y estando cansado(a)? ¿De qué me estoy perdiendo? Haz la lista de todo lo que te estás perdiendo ahora, ponle una intensa carga emocional a la misma, y verás cómo surge la motivación para hacer el cambio.


Kirssy Lorenzo

# UNA MUJER QUE SE VALORA

Abril 2017, Linkedin

Creo que muchas de nosotras no actuamos como si nos valorásemos no porque no nos sintamos valiosas, sino por ignorancia. ¿Como sabes lo que tienes que hacer, si nunca te lo ensenaron? Si toda tu vida te la has pasado buscando la aprobación de los demás y no te das cuenta de que donde comienza es contigo.

1. Actúa de acuerdo con lo que cree y piensa
2. Es autentica, se acepta tal cual es y no lo importa si le gusta o no a otros. No está buscando aprobación porque la más importante, la di sí misma, ya la tiene.
3. Es humilde y sabe que a pesar de todo el conocimiento que domina, en algún momento ha de equivocarse y lo acepta y es capaz de pedir perdón.
4. No se deja influenciar por nadie, sabe lo que tiene que hacer
5. No duda de preguntar cuando no le quedo algo claro.

*EN EL AMOR*

6.  Ella sabe que es el premio en la relación. Deja que el hombre tenga la iniciativa porque sabe que merece que él haga el esfuerzo en llegar a ella.

7. Acepta las atenciones del hombre, sin sentirse obligada a retornar en la misma medida, ya que sabe que su presencia es lo suficientemente valiosa para él.

8. Sabe que tiene diversas opciones en términos de hombres, por lo cual no trata a los hombres como si fueran los últimos sobrevivientes de la especie masculina evitando parecer desesperada o impidiendo abusos de oportunista o personas con conductas egocéntricas o con mala fe.

9. Tiene estándares de cómo quiere ser tratada y no negocia con lo que merece.
10. No se queda en relaciones amorosas tóxicas.
11. Puede continuar sin problemas con su vida después de una ruptura amorosa y un periodo de duelo aceptable.
12. No deja que avancen los que solo quieren sexo. Se considera una persona íntegra y quiere hacerse querer por todo lo que es, no solo por su cuerpo.
13. No acepta acercamientos de hombres con novias o esposa.
14. No acepta situaciones confusas. O eres amigo, o te interesa o eres novio. Pero nada de términos que liberan al otro de cualquier compromiso o responsabilidad como amigovios, amante, etc.
15. Es monógama (solo alguien especial por vez).

Si estas en discordancia con alguna de estas, es el momento de trabajarla y convertirla en una meta. No es serlo, es también parecerlo.

Kirssy Lorenzo

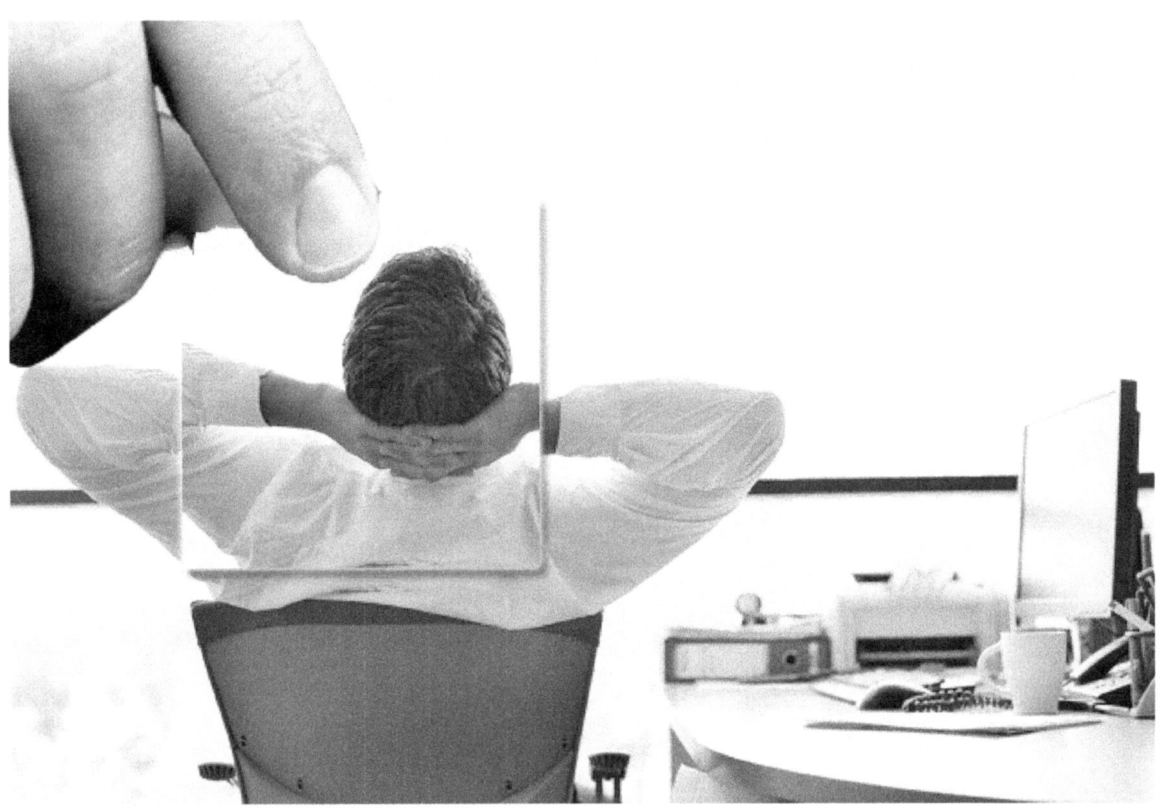

# DESARROLLO PROFESIONAL

1. La personalidad del emprendedor. Abril 2017, Revista Nuestros hijos

2. Un nuevo tu: conectando contigo mismo. Enero 2017, Revista Estilos

3. Ya tengo mi negocio, ¿Y ahora qué? Octubre 2016 Revista Nuestros hijos

4. Descubre tu personalidad profesional. Abril 2016, Revista Estilos

5. Necesito un aumento. Marzo 2015 Revista Nuestros hijos

6. Las buenas relaciones como factor para el éxito. Mayo 2015 Revista Contacto

7. Las nueve Personalidades en el trabajo ¿Cuál es la tuya? Febrero 2016, Revista Capacitando.

# LA PERSONALIDAD DEL EMPRENDEDOR

Abril 2017, Revista Nuestros hijos

El Emprendedor es una persona que tiene iniciativa y coraje para llevar a cabo una actividad propia, especialmente, empresas difíciles, arriesgadas y que comparten un esfuerzo considerable.

Ante todo, debemos tener en cuenta que ser emprendedor no es la única manera de ser, ni es la mejor, ni mucho menos la que producirá más felicidad a todo aquel que la posea. Por tanto, debemos respetar en cada persona, en cada uno de nuestros hijos, su espíritu hacia la vida y sus valores personales.

Basado en los tipos de personalidad del eneagrama, filosofía con más de 2000 años, te comparto que tipo de emprendedor puede ser una persona:

**Emprendedor #1 El perfeccionista**: Si has emprendido buscas hacerlo en un tipo de negocio o mercado donde pueda serse justo y de alguna manera cambiar el mundo.  Se maneja con un inquebrantable criterio hacia una alta integridad y ética. Ej.: Martha Stewart.

**Emprendedor #2 El Servidor**: Como su nombre lo indica, lo que mejor le describe es el servicio. Suelen ser buenos "manager". Hará lo necesario para mantener un servicio al cliente de primera, buscando como complacer constantemente tanto a sus clientes como a su equipo. Ej. Mary Kay.

**Emprendedor #3 El Exitoso**: Él es la marca. De alto ritmo laboral, intenso, incansable. Competitivos, adictos al trabajo. Ej. Oprah Winfrey.

**Emprendedor #4 El Melancólico**: destaca por su personalidad, la que impacta directamente en la aceptación y éxito en su área de trabajo. Son introvertidos, melancólicos, que viven con intensidad las emociones. Los veremos más en el segmento de diseño gráfico, artes, música. Ej.: Michael Jackson.

**Emprendedor #5 El intelectual**: Inteligentes, curiosos, son los visionarios que han cambiado el mundo y como se hacen hoy muchas cosas, en su búsqueda de entender cómo funcionan las cosas. Suelen ser personas solitarias, poco populares, desde muy pequeños Ej.: Bill Gates.

**Emprendedor #6 El desconfiado**: En su naturaleza prima la incertidumbre que una vez controlada les permite desarrollarse en negocios vinculados al análisis, los riesgos, la seguridad. Ej.: Richard Nixon.

**Emprendedor #7 El entusiasta**: Este es el "emprendedor" por excelencia. Inteligente, divertido, creativo, hábil, social, seductor, sabe conseguir lo que quiere y convencer a otros de acompañarlos en sus riesgos. Ej.: Steven Spielberg.

Emprendedor #8 El Jefe: Es otro emprendedor nato, a diferencia del 7, que lo hace por el dinero y la buena vida, el 8 lo hace por el poder. Son líderes avasallantes, agresivos, determinados. Ej.: J D. Rockefeller, W. Churchill, Donald Trump.

**Emprendedor #9 El diplomático**: Es la paz personificada y será un jefe pacificador, que evitará los conflictos, aun teniendo la razón.  Les importan más mantener armonía con las personas que su éxito profesional, por lo que es otro tipo que raramente emprende Ej. A. Lincoln.


Kirssy Lorenzo

# YA TENGO MI NEGOCIO ¿Y AHORA QUE?

Octubre 2016, Revista Nuestros hijos

Un sueño hecho realidad2: tu propio negocio. Quizás hacía mucho tiempo que deseabas emprender y por fin lo hiciste. Te darás cuenta ahora de que necesitas hacer que sea productivo y rentable y que es mucho más difícil de lo que pensabas. Veamos algunos tips que pudieran ayudarte:

## *PROPOSITO*

¿Sabes en que negocio te encuentras? ¿Qué hace por tus clientes? Si nunca te habías hecho esta pregunta, este es el momento de responderlas.

¿Tus clientes, conocen el propósito de tu negocio? ¿Tus clientes, o posibles clientes, conocen lo que tus servicios o productos pueden hacer por ellos?

Sin estas respuestas, es posible que estén en el negocio equivocado, con los clientes equivocados y haciendo marketing y publicidad al público errado.  Esto nos lleva al siguiente punto:

## *CLIENTES*

¿Quién es tu cliente potencial de acuerdo con el servicio o producto que tu negocio piensa proveer? ¿Qué cantidad aproximada de personas necesitas que te compren mensualmente para que tu negocio sea rentable y qué tipo de persona son estas? ¿A dónde van? ¿Cuántos son aproximadamente? ¿En cuáles horarios y dónde suelen estar? ¿Cuáles son sus preferencias, gustos, actividades y cómo esto influye en las posibilidades de que te consuman?

## *ESTRATEGIAS*

¿Cuáles son las estrategias que has pensado para lograr que estos clientes potenciales lleguen a ti? ¿En qué lugares, condiciones o medios podrías aplicar estas estrategias? ¿Redes sociales? ¿Marketing? ¿Publicidad?

## *PRESUPUESTO*

Sino contabas con un presupuesto a la apertura tu negocio es el momento de realizarlo.

El presupuesto es imprescindible si quieres lograr un negocio sano y exitoso. Con el presupuesto proyectas lo que esperas lograr en tus ventas y lo que esperas gastar para lograrla. En el mismo

no puede faltar los costos de producir tus servicios y productos, los gastos que implican tu negocio como local, servicios (agua, teléfono, internet, electricidad, empleomanía, etc.,) e ingresos (ventas proyectadas según precio de los productos y cantidad de personas que te van a comprar.

En dicho presupuesto debes incluir todo lo que piensas invertir en promover tus productos y servicios. Gastos por anuncios publicitarios, redes sociales, material promocional, empaques, etc.,

Sin presupuesto solo tienes un sueño con pocas probabilidades de éxito.

## ¿POR QUE LOS NEGOCIOS FRACASAN?

Algunas de las causas más comunes son:

- ✓ Falta de un plan estratégico
- ✓ No saben quiénes son sus clientes ni donde conseguirlos
- ✓ Falta de compromiso y esfuerzo
- ✓ Falta de recursos (económicos, humanos, intelectuales)
- ✓ Posibles clientes no saben que existes
- ✓ No crean una diferencia frente a los competidores
- ✓ No conocen el mercado ni sus consumidores
- ✓ No saben del negocio y pierden los clientes cuando el empleado monta tienda aparte.

## CLAVES PARA ALCANZAR EL ÉXITO

1. Define qué clase de negocios quieres tener
2. Que recursos necesitas para que funcione y adquiérelos (económicos, conocimiento, equipos, personal)
3. Se masivo: no es suficiente con un buen producto. Necesitas abarcar cada área que influya en que tu producto tenga éxito. Clientes, personal, marketing, distribución, empaque, ventas.
4. Se persistente y ten paciencia.

Kirssy Lorenzo

# DESCUBRE TU PERSONALIDAD PROFESIONAL

Abril 2016, Revista Estilos

## *53% DE NUESTROS ESTUDIANTES UNIVERSITARIOS DESERTAN A MITAD DE LA CARRERA*

Cuando escuche estas estadísticas quede alarmada. Este es un asunto muy serio y preocupante. No solo impacta en el bolsillo de los padres o del mismo estudiante, sino también en su percepción de valía y en su nivel de autoconfianza, lo cual se reflejará en los resultados de su vida personal y profesional y hasta en sus relaciones con estos padres que proyectaran sus propias emociones frente a la deserción como con sus potenciales parejas y amigos.

## *¿PORQUE DESERTAN?*

Aquí algunas de las razones encontradas en estudios en diversas universidades del mundo entre 2008 y 2014:

- Porque en el proceso de aprender la carrera que eligieron, sienten más estrés que satisfacción, lo que los lleva a cuestionar si eligieron bien o si realmente es vocación (su pasión)
- Por la frustración y el miedo que les genera las pruebas y exigencias de las materias
- Incertidumbre frente a la posibilidad de inserción laboral
- Por falta de trabajo o choque de horarios con el trabajo
- Por circunstancias económicas

## *EL PRIMER AÑO*

Es donde se da la deserción masiva según las estadísticas y quienes estuvimos en la universidad y nos quedamos, lo hemos visto también al ver como nuestros compañeros comienzan a desaparecer y el grupo se hace más chico.

El paso de la vida escolar a la vida universitaria no es sencillo y para un estudiante que en la educación básica y/o media no fue competitivo o no tenía metas claras, llegar a la universidad donde los tiempos para dar resultados son más cortos y tienes más elementos de medición, puede ser un salto traumático y peor aún si el joven no está claro respecto a la carrera que eligió.

## *AUTOCONOCIMIENTO*

Cuando en la educación escolar se introduzcan herramientas de autoconocimiento, donde los jóvenes puedan descubrir cuál es su tipo de inteligencia (basada en los 9 tipos de inteligencia de Gardner, por ejemplo). Que descubran que personalidad ha desarrollado basados en como nuestro cerebro funciona y como esta personalidad los lleva frente a los retos a huir, defenderse o acusar a otros de lo que le ocurre. Cuando entendiendo esto el joven logre entender que emociones se producen en el con más frecuencia y que resultados le están generando esas emociones, no solo tendremos menos deserciones, sino que tendremos adultos más felices, más en control de sí mismos, mejores modelos de padres y ejemplares miembros de nuestra sociedad.

## TEST DE LA PERSONALIDAD

Existen herramientas muy poderosas que se están usando en Estados Unidos, España, entre otros países, que permiten no solo descubrir que personalidad tienen nuestros hijos, sino también basado en ello y en como ellos han estado usando su cerebro, cual inteligencia dominan más y que profesión u oficio es el más adecuado dada las verdaderas habilidades de este joven. También, una vez eligen que profesión, dentro de la gama que su inteligencia le permitirá dominar, cuáles son las áreas de esta personalidad a reforzar para ser mejor en dicha carrera, tanto en el proceso de aprendizaje y estudio como una vez sean profesionales.

Nosotros en nuestros servicios como coach, utilizamos el test DTP donde la persona que lo toma descubre su pasión y para que nació. Ahorrando esto no solo inversiones desacertadas, sino todo el tiempo y las emociones que, sin este autoconocimiento, podrían generarse.

El costo del test es mínimo frente a todo lo que te podrá ahorrar en tiempo, dinero y emociones, tanto a los padres como a los hijos.

La información nos da poder. Hoy hemos compartido una información muy poderosa para que evites tu o un ser querido, ser parte de una estadística más.

Kirssy Lorenzo

# ¡NECESITO UN AUMENTO!

## ¿COMO, CUANDO Y POR QUE SOLICITARLO?

Marzo 2015, Revista Nuestros hijos

Recuerdo la primera vez que me atreví a pedir un aumento, los nervios alteraron "seriamente" mi sistema digestivo. Pero había que intentarlo porque conocía mi valor como responsable de la posición que desempeñaba y merecía ganar más consciente del valor en ingresos y ahorros de mi trabajo para la empresa.

Antes de lanzarte a pedir un aumento, debes estar consciente de tu valía como profesional. Si no estás seguro no lo intentes porque proyectarás tu inseguridad y será un arma en tu contra.

Si consideras que estás listo, mis recomendaciones antes de lanzarte:

**Haz una encuesta**: Indaga los salarios promedios de posiciones similares a la tuya a lo interno y externo, un aumento de salario no puede estar amparado solo por tu necesidad económica. Debe ir acompañado de una justificación lógica al valor de tu posición en el mercado. Esta investigación te va a servir para un posible plan b, en caso de no recibir el aumento esperado.

**Ensaya el argumento**: Cómo vas a iniciar, cuáles serán las posibles respuestas (evalúa varios escenarios), qué decir a esas respuestas, será una buena preparación.

**Reconfirma tu percepción de valor.** Antes de ir al grano, indaga a tu supervisor inmediato, la percepción que tiene sobre la calidad de tu trabajo, ya que una cosa es lo que nosotros creemos y otra cosa lo que nuestro jefe cree. Esta diferencia puede hacer la diferencia.

**Ve al grano:** Explica las razones por las cuales consideras mereces un aumento y reafirma tu valía profesional. No trates de sacar provecho de los sacrificios que has elegido hacer por voluntad propia como trabajar fuera de horario, responder correos desde la casa o ir fines de semana. Tampoco puedes argumentar tus necesidades personales, puesto que puede servir de lleno, como excusa para rechazar tu solicitud. El argumento más fuerte es tu valía profesional, rendimiento e impacto en los números de la empresa.

Debes estar listo para que, aunque el jefe este consciente que lo mereces quizás no te diga que si desde el primer intento (para no mal acostumbrarte, como dicen algunos).  Si intenta negociar, ve que tan conveniente es para ti la oferta. Haz las preguntas que sean necesarios, básate en lo lógica

**Prepárate psicológicamente**: puede ser necesario otras reuniones, o que te pongan condiciones para que en un tiempo X se justifique aplicar el aumento.

Siempre, siempre, frente a cualquier situación, tienes la opción más sana de ver un resultado no deseado como una oportunidad de aprendizaje ¿Qué tengo que aprender de esta experiencia? ¿Qué tengo que hacer diferente? ¿Cuál es el siguiente paso que debo dar? Si se ha cerrado una puerta y no queda ninguna posibilidad abierta de obtener lo que deseo, ¿qué tan responsable soy de que esto haya ocurrido? O ¿qué tanto estoy dispuesto a tolerar? porque la siguiente pregunta que deberás responder es: ¿Comienzo ya a buscar un nuevo trabajo?

Kirssy Lorenzo

# LAS BUENAS RELACIONES COMO UN FACTOR PARA EL EXITO

Mayo 2015, Revista Contacto

### ¿Por qué es una necesidad y no una opción tener buenas relaciones con las personas a nuestro alrededor?

Porque las decisiones que estas personas tomen de acuerdo con nuestra propia actitud y a nuestro trato para con ellos, determinara nuestro futuro. Aun fuéramos propietarios de un negocio, dependemos de la interacción con otros para que este negocio subsista. Si no tenemos buenas relaciones con nuestros jefes, colaboradores, clientes, como podemos esperar de ellos, luego, que nos sean leales, que nos aprueben, que nos concedan ascensos, que nos ayuden. Es esperar sin dar.

### ¿Qué tanto depende nuestro éxito personal y profesional de las relaciones personales que tengamos?

Depende radicalmente de esto.

### ¿En que área laboral pudieras desempeñarte donde nadie te venda o te compre algo?

Te has fijado cuando visitamos al médico, que, en cierto pasillo, hay un médico que tiene un montón de personas esperando por él. Mientras, hay otro de la misma u otra especialidad, con apenas 1-2 pacientes. Puede que el que menos clientes tienen, se haya graduado de honores y tenga varios títulos por encima del otro. Sin embargo, que los pacientes vuelvan, que lo recomienden, dependerá únicamente de la forma que este los trate.

Pasa en todas las áreas del haber profesional.

### ¿Cuál sería la actitud deseable para mantener un balance, aunque no hagamos amistades profundas con todos?

Si lo vemos desde coaching hay 2 premisas que pueden ayudarte a cambiar tus relaciones con los demás, tanto en el ámbito laboral como en el personal:

"El mapa no es el territorio"

Esto se refiere a ser capaz de entender que la forma en que yo veo las cosas no es el territorio, es mi mapa. Cada uno de nosotros de acuerdo con nuestra preparación, temperamento, experiencia, tenemos una predisposición a percibir las cosas de una manera. Cada persona por igual. Cuando pretendemos que nuestro mapa, es decir, mi manera de ver las cosas es "la manera" es decir, que es la "realidad", estoy violando el derecho que tiene el otro de ver esa realidad desde su propia óptica, con su propio mapa, dado que este no ha tenido ni las mismas experiencias que yo, ni el conocimiento, ni el temperamento ni la preparación.

Cuando somos capaces de entender esto, somos capaces de relacionarnos mejor, porque ya no creemos que el otro está equivocado, sino que ve las cosas diferentes a mí, porque es diferente a mí, dándome esto la oportunidad de tener más paciencia con el otro y comunicarme de maneras más empáticas y conciliadoras.

 "Las personas no nos pertenecen"

Esto se refiere, a que al ser capaces de aceptar que las personas no nos pertenecen somos capaces de ajustar nuestras expectativas sobre ellos y nuestros niveles de insatisfacción cuando no hacen lo que uno quiere. A veces actuamos como si la gente debiera adivinar nuestros pensamientos o como si vivieran toda la vida con nosotros. Sin embargo, aun mellizos que nacen y crecen toda si vida juntos, son capaces de leer y adivinar el pensamiento del otro y menos complacer plenamente sus expectativas.

Entender esto, nos permite comunicarnos de formas más explicitas y sentirnos menos frustrados cuando la gente no nos da lo que esperamos de ella.

"Las personas lo hacen siempre, lo mejor que pueden"

Esto se refiere, a que asumimos que la gente que es mediocre en algo eligió ser mediocre. Que la gente que hizo algo mal, lo hizo para molestarnos. Y no es así. Cuando escucho a alguien decir: "supiste lo último que me hizo fulano", se está convirtiendo por propia decisión en la victima de las acciones de una persona, que es muy probable, dentro de su capacidad, nivel de atención y temperamento, están actuando (aunque no nos llene) de la mejor forma que pudo.

Kirssy Lorenzo

# LAS NUEVE PERSONALIDADES EN EL TRABAJO ¿CUAL ES LA TUYA?

*¿Cuál es tu personalidad?*

Febrero 2016, Revista Capacitando

Las organizaciones tienen personalidad y está regida por la propia personalidad del dueño y/o de los directivos que la dirigen. Tu compatibilidad con ella te hará sentir valioso y adaptado a tu ambiente laboral, no compatibilizar significa stress, ansiedad y problemas de salud para ti. Desde el 2007 los neurocientíficos han confirmado que el cerebro humano en realidad se compone de 3 cerebros: el instintivo (reptil con más de 300 millones de años) el emocional (límbico), y el analítico (neocórtex).

Todos usamos los tres, pero el temperamento con el que nacemos y nuestras experiencias en los años de formación, nos llevarán a desarrollar mayores conexiones neuronales a uno de ellos que determinará nuestra personalidad. Basado en el Eneagrama, filosofía con más de 2500 años que mucho antes de la afirmación de los neurocientíficos definió 9 tipos de personalidad basadas en lo antes planteado.

## 9 TIPOS DE PERSONALIDAD EN EL TRABAJO

TIPO 1: "El Perfeccionista" Es una persona activa, práctica y enfocada a resultados. Exigente consigo mismo y con los demás. Su pecado capital es la IRA que refleja en intolerancia a los errores, hablar a los adultos como si fuesen niños y percibir que su forma de ver el mundo es la correcta. Su ira reprimida, le lleva a tener problemas del estómago. Lo vemos en posiciones de poder. Gerentes comerciales, directivos, médicos, abogados, músicos.

TIPO 2: "El Altruista" Es una persona servicial, para quien es más importante los demás. Necesita afecto y lo da con facilidad. Amigo de los abrazos y de las expresiones de cariño. Su pecado capital es el orgullo. Lo vemos en posiciones como asistentes, recursos humanos, enfermeras, psicólogos, etc.,

TIPO 3: "El Triunfador" Busca el éxito en todo lo que hace. Personas enfocadas, prácticas, activas y competitivas. Busca ser el mejor en todo lo que hace. Lo más importante para ellos es el trabajo. Su pecado es la vanidad. Puedes verla en altos ejecutivos, vendedores, actores, modelos, líderes políticos y religiosos.

TIPO 4: "El melancólico" Es introvertido y muy imaginativo. Por ello son productivos en ambientes libre de horario y rutina. Son creativos, diseñadores gráficos, artistas, bailarines. Si no se encuentra en un ambiente así, entonces son personas que no se ajustan al equipo, de bajo rendimiento, ausencias por enfermedad y depresión y baja productividad.

TIPO 5: "El intelectual" aquél que se siente sabio, que siempre está dando explicaciones o metido en los libros. Tiende a tener un mundo interno de ideas que le impiden ser normalmente sociable. En el fondo, es una persona que le gusta acumular (cosas, libros,

dinero, ideas, etc.), Su pecado capital es la avaricia. Prefieren trabajar solos, suelen ser informáticos, científicos, bibliotecarios, profesores.

TIPO 6: "El desconfiado" Sospecha de todos, hasta de sí mismo. Por ello le resulta difícil tomar decisiones. Trata de ser fiel y leal buscando evitar perder la seguridad que es tan importante para él pues su pecado capital es el miedo. Como empleado no le gustan los cambios así que puede durar mucho tiempo en la empresa inclusive en la misma posición.

TIPO 7: "El entusiasta" simpático, inteligente, alegre. Necesita diversión, amigos y novedad. Se dispersa fácilmente pues quiere hacer muchas cosas. Su pecado capital es la gula: exceso de todo lo bueno y agradable (comida, bebida, diversión, etc.,) les gusta los trabajos poco rutinarios: son creativos, chef, escritores, emprendedores, vendedores.

TIPO 8: "El jefe" El jefe necesita el poder, el cual puede tomar a la buena o a la fuerza. Son ruidosos, activos, trasnochadores. Su debilidad es la soberbia y/o la lujuria. Altos mandos militares, líderes, jefes.

TIPO9: "El diplomático" Busca llevarse bien con todo el mundo.  Por ello evita el conflicto aun teniendo la razón. No le gustan los cambios siendo su pecado capital la pereza.  Es el que deja para mañana lo que puede hacer hoy. Son buenos diplomáticos, amas de casa, profesores de inicial, cocineros.

**DESCUBRE TU PERSONALIDAD: TEST**

En este link  http://kirssylorenzo.blogspot.com/2015/03/test-rapido-de-personalidad.html puedes hacer una versión GRATUITA del test de personalidad. Descubrir tu personalidad es el paso UNO para descubrir qué te limita en tu profesión o trabajo y así mejorar los resultados y lograr tus metas.

Kirssy Lorenzo

# Familia

1. Manteniendo el equilibrio. Junio 2017, Revista Nuestros hijos
2. Mama regresa. Mayo 2017 Revista Estilos
3. Beneficios para los hijos de madres que trabajan. Mayo 2017, Periodico El Caribe
4. Como mejorar tu relacion con tu hija adulta. Mayo 2017, Revista Pandora
5. Todos quieren un pedazo de mi. Marzo 2016, Revista Mujer única
6. Protege a tus hijos de los efectos de un divorcio. 2015, Revista Nuestros hijos
7. Còmo el poder de la vision puede llevar a tu familia a alcanzar la plenitud de este nuevo año. Diciembre 2014, Revista Nuestros hijos
8. Enseñando a tus hijos a contribuir desde temprana edad. Octubre 2015. Revista Nuestros hijos.
9. Estrategias para una madre multitasker. Septiembre 2014, Revista Nuestros hijos
10. Porquè no debes hacerle las tareas a tus hijos. Septiembre 2014, Revista Nuestros hijos
11. ¿Como ser una madre mas divertida? Junio 2014, Revista Nuestros hijos
12. Coaching para padres. Julio 2014, Revista Pandora
13. Coaching para papas. Julio 2014 Revista Nuestros hijos
14. Consejos para madres solteras, de una superviviente con cinco hijos. Mayo 2014
15. Siete pasos para fomentar la felicidad en tus hijos. Abril 2014, Revista Nuestros hijos
16. Personalidad: descubre cual tiene tu hijo. Mayo 2014, Revista Pandora
17. Metas familiares para el nuevo año 2014. Diciembre 2013, Revista Nuestros hijos
18. Coaching para niños. Junio 2013, Revista Nuestros hijos
19. Que diversión proveer a tus hijos ahora en vacaciones según sus personalidades. Junio Revista Pandora

# MANTENIENDO EL EQUILIBRIO

*ENTRE TU TIPO DE TRABAJO Y TU VIDA*

Junio 2017, Revista Nuestros hijos

Nuestra inserción en la vida laboral, seguir con el rol de creadoras de vida, responsables del hogar, hijas, hermanas y esposas son solo algunos de los roles que se entremezclan en nuestro día a día que sigue a la fecha, contando con la misma cantidad de horas y energía para hacerlo todo.

Definitivamente hemos demostrado ser fuertes. Nos hemos ajustado a estas circunstancias y bien no nos quitamos el sombrero de madres, tenemos que ponernos el de hermana, hija, empresaria, esposa…a fin de que nuestro mundo siga funcionando y que todos estén contentos con nosotras. En este proceso muchas hemos sacrificado a la persona más importante en nuestras vidas: nosotras mismas.

En los últimos años han surgido alternativas para minimizar dicho impacto, vamos a spa, gimnasio, centros de recreo, clubes, viajes, y al menos engañamos a quienes nos observan de lejos, pues bien, de cerca, puedes darte cuenta de que hasta relajarnos y mimarnos, lo hemos convertido en un trabajo más. Para cubrir estos gustos trabajamos horas extras o tenemos otro empleo. Le pagamos a alguien para que cuide a nuestros hijos y al final es disfrutar se vuelve stress.

En el balance esta la solución. ¿Qué estás haciendo hoy exquisitamente que no tiene que ser hecho?

Aquí te comparto un ejercicio para que te empoderes y disfrutes más el estar en tu piel:

Cuáles roles juegas en tu vida hoy: madre, esposa, empleada o empresaria, gym power, hija, hermana, política, figura pública, profesora, bloggera, estudiante, administradora del hogar,. Trata de que no se te quede ninguno fuera. Y en el siguiente gráfico inclúyelos cada uno. En cada caso describe las acciones específicas y la proporción de tiempo que le dedicas a cada cosa en lo equivalente a un mes.

Piensa en qué es lo más importante para ti, y lístalo.

Ahora compara la proporción de tiempo que cada rol te toma y tu lista. Muchas veces no le dedicamos más atención a lo que es más importante, ni a lo que nos da real sentido, sino a aquellas actividades o personas que son posibles fuentes de dolor o angustia. Nuestro cerebro funciona de la siguiente manera: Busca placer y evita sentir dolor. Así, muchas de nosotras nos encontramos atrapadas en actividades que más que hacernos felices nos alejan de un posible dolor emocional (que es para el cerebro tan doloroso como un dolor físico).

Ocurre con mucha frecuencia que, en esta descripción de roles, solemos olvidar de alimentar aquel que significa el sostén de todos los demás: el rol de mujer. Que necesitas que ocurra, cómo y cuándo, para llenarte de la energía, paz, abundancia y amor, que te permitirán dar a todos, eso a lo que los has acostumbrado a costa de sacrificios. No puedes dar lo que no tienes, y como bien dijo Jesús: "Ama al prójimo como a ti mismo".

Mayo 2017, Revista Estilos

# MAMA REGRESA

### Como retomar tu carrera luego de pasar años en casa

Cuando tuve que abandonar un trabajo que amaba en marketing para criar a mis trillizos, temía no poder volver nunca más al mercado laboral. Sin embargo, 4 años después fui contratada en mi primera entrevista de trabajo. ¿Cómo hacerlo? Algunos tips que te pueden servir.

Como yo, miles de mujeres en todo el mundo han vuelto con éxito al mercado laboral  despues que sus hijos han crecido. En lo personal no pensè que volveria a trabajar a tiempo completo. Pero un divorcio, te obliga a redefinir tus necesidades y prioridades y Salì a buscar trabajo y lo encontrè rapido.

**MITO: "ninguna empresa me contratara al pasar tanto tiempo fuera del mercado laboral"**

Muchas mujeres con situaciones similares, se ven ante el reto de volver a trabajar pero sin saber por dònde empezar y sin nadie que las oriente. Por el contrario, muchos son los mensajes que reciben que generan duda e incertidumbre respecto a volver a trabajar.

¡Como volver a trabajar más rapido!

- ✓ Revisa tus argumentos y razones por las que dejaste de trabajar y por las que quieres volver. Necesitas estar convencida de este paso y es probable que tengas que compartirlo con otros.
- ✓ Decide què quieres hacer, que te gusta? Cuàl opciòn es màs adecuada dada tus condiciones: si trabajo de tanda completa o medio tiempo. Evalùa si te conviene trabajar desde casa por internet. Es una modalidad en desarrollo que puede ser una soluciòn a tu situaciòn actual.
- ✓ Siempre piensa que este tiempo que estuviste fuera, te sumò. Nunca te resto, uno, porque hiciste algo valioso, porque en el proceso algo tuviste que aprender y porque desarrollaste habilidades importantes como: administraciòn estratègica de presupuesto, manejo de conflictos, multitasking, gestiòn del tiempo, entre otras.,
- ✓ Revisa y actualiza tu currriculum: modernizalo, en los ultimos 2 años ha cambiado mucho la manera de presentar tu vida laboral.
- ✓ Piensa que nuevas habilidades adquiriste en estos años fuera y como las puedes plasmar en tu CV.

✓ ¿Que nueva carrera o negocio podrias emprender ahora? Se creativa.
✓ Riega la voz entre tus antiguos compañeros, madres del colegio, familiares y amigos. No te limites a los medios tradicionales, el 70% de los empleos se manejan por referencias.
✓ Busca asesoria profesional. Hoy existen empresas dedicadas al manejo y colocacion de talentos quienes te pueden asesorar en tèrminos de la presentacion de tu cv, del manejo de la entrevista y de la gestiòn misma del trabajo.
✓ Ensaya la entrevista. Gràbate con tu celular y trata de ensallar las posibles preguntas.
✓ Planificate. Si estàs pensando en abandonar tu trabajo ahora para luego regresar en unos años, deja el terreno preparado para un posible regreso y mantente conectada con tus compañeros de trabajo.

## AUTOCONFIANZA

No permitas que los perjuicios y creencias limitantes de otros te paralicen. Si yo pude con 5 hijos tù tambièn puedes. Tienes que creer en ti, en tu capacidad de trabajo, en tu nivel de compromiso y en tu necesidad de volver ahora a trabajar. Tu autoconfianza y seguridad seràn claves para que durante la entrevista puedas demostrar que sigues siendo alguien valioso y que estas dispuesta a probarlo.

Si nunca trabajaste o quieres cambiar de profesiòn, la mejor manera de realizar un cambio a este nivel es autoconocièndote. Puedes hacerte tu test de personalidad gratis en http://www.kirssylorenzo.com/test-gratis-eneagrama.html y descubrir las profesiones y vocaciones para las que naciste.

## UN BUEN PROPÒSITO

No conseguimos lo que queremos porque tenemos màs dolor asociado a lograrlo que placer. Es el principio bàsico por el cual se rige el cerebro. Si quieres avanzar y lograr volver a la vida profesional, debes tener un buen propòsito, uno que te emocione. Que sea màs fuerte que cualquier miedo que te estè limitando e impidiendo que alcances eso que quieres.

> Principio básico por el cual se rige el cerebro es que cada vez que ocurre algo ha de darle un significado. ¿Esto es bueno o es malo para mí? Si El estímulo es percibido como bueno te mueve a aceptarlo. Si es malo a rechazarlo.

Cuando no logramos lo que queremos no quiere decir que no lo podemos alcanzar o merecer. Revisa cuàles estrategias estàs utilizando y con què frecuencia. Para lograr cualquier cosa hay que hacerlo de manera masiva, tantas veces sea necesario hasta lograr tu proposito. Si las estrategias no te estàn llevando a lograrlo, es probable que necesitas cambiarlas.

Cambia el còmo, pero nunca renuncies a lo que quieres.

Kirssy Lorenzo

# BENEFICIOS PARA LOS HIJOS DE MADRES QUE TRABAJAN

Mayo 2017, Periódico el Caribe

*Norys Sanchez*

*Por años nos hemos atormentando sintiendo culpa por no poder ser las madres full time que quisiéramos. Hoy diversos estudios demuestran que no es tan negativo para tus hijos que seas una madre que trabaja.*

En especial para las mujeres. Aquellas cuyas madres fueron trabajadoras, tienen más posibilidades de tener trabajo o de ser propietarias de un negocio o de tener posiciones de liderazgo y ganar salarios más altos, que aquellas cuyas madres se quedaron todo el tiempo en casa. Según un estudio realizado por Kathleen McGinn y colegas de la escuela de negocios de Harvard.

> *Un artículo publicado en el New York Times, indica que los hijos de madres que trabajan no solo se benefician en el aspecto económico, sino que a la vez adquieren otras ventajas educativas y sociales.*

Según la opinión de la coach Kirssy Lorenzo, las habilidades y destrezas que la madre adquiere en el ambiente laboral, de una manera u otra lo aplica en el hogar, confirmando esto que las conductas que siguen los padres influyen directamente y trazan pautas para las que van a seguir los hijos en sus propias vidas. La manera en que la madre administra el tiempo y gestiona sus responsabilidades laborales y hogareñas se convierten en modelos a copiar por estos, tanto para los varones como para las hembras.

*Un dato curioso que estas investigaciones también arrojan es que los hijos de madres trabajadoras, una vez adultos, suelen preferir casarse con mujeres que trabajan.*

## PORQUE TRABAJAMOS

Lo que fuera una excepción unos años atrás, hoy es la regla: La mujer trabaja. Las razones son diversas y la principal en nuestro país, es económica. Si bien trabajar a la vez se ha convertido en fuente de satisfacción personal y valía, se genera el conflicto interno en muchas madres dominicanas que se encuentran en la disyuntiva de continuar una exitosa carrera profesional o quedarse como sus madres, a criar sus hijos.

Sin importa la razón, lo bueno es que tus hijos tienen algunos beneficios a largo plazo, aun no puedas estar todo el tiempo con ellos, según los más recientes estudios:

**Los hijos de madres que trabajan:**

- ✓ Tienden a ser más responsables
- ✓ Mayor enfoque a alcanzar sus metas
- ✓ Son más independientes y autosuficientes
- ✓ Presentan mayor rendimiento escolar

- ✓ Son hasta 4.5 veces más propensos a ser empresarios y/o emprendedores

- ✓ Hasta un 33% de estos una vez adultos ocupan puestos de supervisión y/o liderazgo
- ✓ Mayor posibilidad de ganar más dinero
- ✓ Mayor posibilidad de tener un currículo de mayor grado sea en estudios de especialización como maestrías o postgrados o técnico.
- ✓ Tienen menos propensión a la depresión o ansiedad: Estadísticas muestran que las madres que no trabajan tienen mayor propensión a sufrir depresiones que son modeladas más adelante por los hijos.

- ✓ Las madres que trabajan manejan mejor el término "tiempo de calidad" para con sus hijos, al apreciar la limitación del mismo.
- ✓ Los varones de madres trabajadoras desarrollan mayor empatía al coparticipar en las responsabilidades del hogar.

**Estos datos son parte de un estudio realizado entre 2002 y 2012, en 24 países desarrollados y a más de 30,000 mil personas entre ellos hombres y mujeres por la Universidad de Harvard.*

Un análisis a en el 2010 a 69 estudios realizado a lo largo de más de 50 años encontró que, en general, los hijos de madres que trabajaban cuando estos eran pequeños no tuvieron grandes problemas de aprendizaje, comportamiento o social. Y que a nivel del colegio presentaron una fuerte tendencia a ser exitosos. Los efectos positivos fueron particularmente mayores para los niños de familias de bajos ingresos o de madres solteras. Algunos efectos negativos se observaron en los casos de familias de clase media o donde ambos padres trabajaban.

## EL CONFLICTO INTERNO

Uno de los conflictos mayores surge cuando la nueva madre queriendo quedarse en casa luego de tener hijos simplemente piensa que no puede. Uno por miedo a no poder regresar al ámbito laboral una vez sus hijos crezcan y otra por las implicaciones en la calidad de vida para todos de dejar su empleo. Otra fuente de conflicto es que a medida que las mujeres que son madres adquieren más responsabilidades laborales y éxito profesional de menos tiempo disponen para cumplir como desean, el rol de madre.

Con herramientas de coaching y pnl (programación neurolingüística) apoyamos a estas madres a superar las consecuencias colaterales de estos conflictos internos que son ansiedad, irritabilidad, agresividad, miedo, autocastigo o autocomplacencia a fin de tomar decisiones desde nuevas perspectivas y manejar de maneras inteligentes sus emociones y estados de ánimo.

## *TRABAJO PART-TIME*

"Creo que el trabajo a medio tiempo es una solución viable para muchas madres. El problema es que no existen muchas opciones locales en esta modalidad que a la vez te permitan ejercer tu profesión específica". Una madre que trabaje a tiempo parcial puede generar ingresos, mantenerse desarrollándose como profesional y estar parte del tiempo en el hogar participando más de cerca en la vida de sus hijos si para ella esto es prioritario.

Como madre soltera de 5 hijos, lidiar con las responsabilidades personales y económicas

que esto implica fueron un gran reto, al final preferí cambiar de profesión y de estilo de vida, casi a los 40 años, para poder disponer de flexibilidad y tiempo para estar presente en la vida de mis hijos más tiempo.

*La mujer dominicana es increíblemente trabajadora y ha encontrado diversas maneras de ser productiva emprendiendo en diferentes mercados de manera creativa, a fin de echar hacia delante a su familia, aun no sea consciente del precio personal que muchas veces paga.*

Una alternativa internacional, que permite desde el hogar, trabajar de manera parcial y percibir ingresos atractivos en actividades como traducción, digitación, escritura de artículos y contenido para blogs y páginas web, fotografía, creatividad, diseño digital, recetas de cocina, manualidades, entre otros es la internet: Existen páginas como jobseeker.com, freelancer.com, typeathome.com, wow.com, chiripas.com entre otras que brindan a la mujer esta oportunidad.

*Es importante aclarar que esta información no pretende mostrar cuál de las dos posiciones: ser una madre trabajadora o no serlo, sea mejor que otra, ya que ambas posturas tienen sus ventajas y desventajas. Aquí buscamos compartir los beneficios encontrados en diversos estudios para aquellos niños hijos de madres que trabajan.*

# COMO MEJORAR TU RELACION CON TU HIJA ADULTA

Mayo 2017, Revista Pandora

HOY es el cumpleaños de mi hija mayor, Giatnna. Cumple 20 años. Desde que se hizo adulta cada año se ha convertido en todo un reto. La dinàmica de la relaciòn que antes era mamà siempre tiene la razon e hija hace lo que yo diga, cambia drasticamente y creo que una nunca esta preparada para algo asì, menos en tu propia casa. Màs allà de quien tiene la razàn y quien manda, mi planteo quiere dirigirte a lo que màs importa: el amor que nos une.

## *UNA LUCHA CAMPAR*

¡De que es una lucha, lo es!.  La relaciòn madre e hija dulta esta llena de desafios y a medida que crecen y maduran estos no se reducen, por el contrario, cambian de forma y contexto, estando las disputas y malentendidos a la vuelta de la esquina. Como sobrevivir a eso? Algunos tips:

**TRABAJA EL HUMOR:** La triste realidad es que entre madre e hija, el parecido es mayor de lo que nos gustaria admitir, por ello chocamos. Y mas si ambas tenemos el mismo temperamento. Aprende a identificar cuando por la razon que sea la otra esta de mal humor y dale su espacio. A veces solemos tomarnos como personal la conducta del otro, y reaccionar a este, cuando el asunto no es contigo.

Siempre hay un tema al que una u otra es mas sensible. Cada vez que este tema  surge los animos se caldean y la ira surge con su descarga explosiva. Respira….y obsèrvate. Es dificil en medio de la emocion ser objetivo. Trata de salir de tu cuerpo y mirarla a las dos. ¿De què se trata todo esto? ¿De quièn es la lucha? ¿De dos personas que se aman y respetan ser diferentes? ¿O de la necesidad de control que muchas veces es asunto mas del ego que de tu esencia amorosa? Cuando podemos vernos desde afuera, podemos entender la posicion de ambas partes y conectar de forma empatica con el otro y buscar una solucion donde ambas partes queden satisfechas. Tener la razòn, alimenta al ego, pero maltrata las relaciones.

**¿QUE TIENEN EN COMUN?** Busca que cosas les gustaba  hacer juntas. Somos personas de hàbitos y muchos aunque los hemos dejado de ejecutar, siguen grabados en nuestro cerebro y junto a ellos, las emociones y sensaciones que experimentabamos cuando lo haciamos juntas. Recupera eso. Esto permiti fortalecer el vincula madre-hija. Ir al salòn juntas, ver una serie de television, compartir libros, ir a comer un yogurt juntas. Si sientes que no desarrollaron ese tipo de habitos, es momento de hacerlo. Invitala a la zona colonial y monten juntas bicicleta. Vayan a una feria, o un curso de vinos, a una compra de pasillo, a una clase de yoga. Creen nuevos caminos juntas, graben nuevos y divertidos recuerds que fortaleceran su relaciòn.

Sè que es dificil, en el traginar diario que nos ahoga, pero en unos años, tendremos un poco mas de tiempo y no tendremos a esa persona allì para llenarlo, porque no priorizamos nuestras relaciones. Hay que hacer ese tiempo, y que este no se limite a un texto por whastapp. Define un dìa y una hora especìfica para dar seguimiento.

**GUARDA SUS SECRETOS** Mi madre es muy mala guardando secretos. Lo descubrì desde pequeña y sigue siendo as, sin embargo mi hija, es muy firme y  leal en ese sentido. Merece lo mismo.  A veces emocionalmente nos impacta tanto lo que nos cuenta, que creemos que necesitamos compartirlo con alguien importante que le conozca para que nos de su punto de vista y con ello retificar si lo que sentimos o hicimos era lo que debiamos, pero al hacer esto, traicionamos la confianza del otro.

La confianza es un elemento inprescindible en una relacion de madre e hija, y esta debe ganarse. Asì que, ssssshiiiiii! Silencio! Cuando sientas que necesitas sacarlo, busca lapiz y papel y cuentaselo a "tu diario". Desahògate allì, analiza, toma decisiones y haz lo que tengas que hacer, pero no reveles el secreto del otro.

**LAS ASUNCIONES** una asunción es creer que un pensamiento es verdad y lo unico que lo prueba es la interpretacion personal que le damos a un comportamiento del otro.  Basar nuestro comportamiento, opiniones y actuaciones en asunciones, sin preocuparnos de comprobar que lo que estamos asumiendo es lo correcto, suele conducir al sufrimiento, a malentendidos y en general a relaciones poco autenticas.

No asumas que entiendes cómo el otro se está sintiendo por la expresion de su rostro, manera de hablar o postura.  Vivimos haciendo lectura de mente, cuando en realidad no poseemos ese poder. La respuesta mas acertada que podras obtener es preguntandole al otro directa y llanamente lo que quieres saber.

**EL DESAPEGO** Nada es permanente. Nos apegamos a las cosas, lugares o personas porque nos dan seguridad. Queremos que todo permanezca tal cual esta, porque asì, sentimos que nuestro mundo seguira funcionando. Pero nada es permanente. Y nuestros hijos, no nos pertenecen. Aceptar esta ley natural puede ser dificil, pero puede ser muy liberador.

El tiempo pasa, las prioridades cambian, antes tu hija no queria salir de casa, tenìas que obligarla, ahora no quiere entrar en ella, y para algunas madres es doloroso, mas si  los hijos se convierten en la ùnica fuente de amor, aprobaciòn y/o significado.

Es normal y sano, que se de una separaciòn entre madre e hija a medida que esta va fortaleciendo tu independencia. No hay un tiempo ideal para estar juntas,va a depender de la personalidad de cada una y que tan independiente sea esta.


**EL PERDON.** Es tan complejo concederlo, porque solemos quedarnos enganchadas al dolor. Si miraramos atrás, cuando nos toco a nosotras ser hijas y  nos vimos retadas y cedimos a la tentaciòn de hacer lo que el deseo, el impetu, la rabia nos motivo a hacer, tal vez, podriamos entender la posicion del otro, y si bien no se trata de justificarla o dejarla pasar, al menos no permitir que este trance doloroso, duela mas de lo que merece la situaciòn en particular. Lo que suele pasar es que caemos ante la tentaciòn de la lucha de poder, dejamos que la parte de nuestro cerebro mas primitiva tome el control y olvidamos que el enemigo es la persona a quien mas amamos

Kirssy Lorenzo

# TODOS QUIEREN UN PEDAZO DE MI

Marzo 2016, Revista Mujer única

### Guía para madres/esposas/empleadas/jefas que no saben decir que ¡no!

¿Quisieras encontrar la fórmula mágica para que las horas te rindan más? ¿Tener la energía para jugar con tus hijos cuando llegas cansada del trabajo? ¿Poder aprender inglés y aumentar tus ingresos? ¿Lucir siempre como si acabaras de salir del salón? ¿Ver Tv sin quedarte dormida? ¿Controlar esa tentación de comer eso que te engorda? ¡Bienvenida al club!

Generación tras otra, hemos heredado la percepción de que tenemos que dar hasta quedar agotadas, ser buenas en todo lo que hacemos, descubrir el secreto de cómo ser más y más eficiente, porque si no es así, no eres lo suficientemente buena.  Abuelas, madres, hermanas y nosotras la generación actual, hemos sentido punzones de culpa cuando nos hemos permitido sentir pena por nosotras mismas, siendo descansando "demasiado", viendo Tv, o comiéndonos un postre. No necesitamos un dedo acusador que nos señale, pues una vocecita cruel y dura, dentro de nuestra propia cabeza nos recuerda como pudiéramos haberlo hecho mejor, que no hemos terminado, que deberías comer, a quien deberías llamar, como deberías hablarles a nuestros hijos, y una docena diaria de reclamaciones. ¿Verdad?

*"En la actualidad, diversos estudios en las áreas de neurociencias indican que problemas como la ansiedad, la depresión, el enojo, la distracción, la inseguridad y la desconfianza no son puramente psicológicas, sino que además están relacionados con la fisiología del cerebro.*

Hoy quiero aportar algo de paz a tu alma, porque te la mereces y ayudarte a descubrir la verdadera fuente de eso que sentimos que no nos permite, ni ser todo lo que pudiéramos ser ni mucho menos estar conformes con nosotras mismas y darnos el permiso de sentirnos plenas y felices. Para ello necesito que entremos en tu cabeza:

## " Y LA VERDAD OS HARÁ LIBRES"

Nuestro cerebro, es un órgano muy antiguo. Tiene desde que evoluciono, aproximadamente 3 millones de años. Dada que las condiciones en aquellos tiempos eran muy peligrosas, el humano tenía que estar constantemente alerta, fuese para que un depredador no se lo comiera o para que otra tribu no robara su cueva y matara a su familia. Para poder lidiar con esta situación y disponer de las energías para accionar a tiempo frente al peligro, el cerebro desarrollo patrones. Grabo aquellas conductas más comunes y/o repetidas, con el

fin de ahorrar energía. Así en vez de pensar cada día que hacer, era repetir la rutina grabada. Esto liberaba recursos para accionar frente al peligro y le ayudaba a controlar su entorno.

Hoy, con el mismo cerebro, funcionamos igual, aunque las circunstancias hayan cambiado. Las conductas, las emociones y los pensamientos que aprendimos y grabamos, fueran buenos o fueran malos, (la gran mayoría de ellos durante los años de formación), serán repetidos por cada uno de nosotros hasta la muerte.

¿Cuántas veces te has visto a ti misma hacer cosas que detestabas ver hacer a tu madre? ¿No has querido soltar un mal hábito y no has podido? ¿Cuántas veces has querido emprender una acción, que deseas con todo tu corazón, y el deseo no ha sido suficiente para hacerlo? ¿A cuántas personas le has tolerado conductas inadecuadas y ni siquiera entiendes por qué lo aceptas? ¿Tienes una meta y sabes exactamente lo que tienes que hacer para lograrla, pero no das el primer paso?

## NO ERES TÚ, ES TU CEREBRO

**No eres tú. Es la forma en que funciona tu cerebro. Pero tú eres mucho más que un órgano.**

Hemos partido de supuestos sobre nosotras mismas. Hemos asumido que es lo que nos toca, pero no estamos disfrutando el proceso, es más bien una tortura que no acaba y parece que acabara con nuestra existencia, antes de que podamos terminar la lista de los "pendientes".

## SER VULNERABLE

Eres más de lo que simplemente "te toco" ser. No eres "la esposa", "la madre", "la hija", "La empleada", "la dueña". Esos son solo roles que forman parte de tu vida. Tu eres mucho más que eso y Dios te dio una vida propia para que la vivieras, con tooooooodo eso y mucho más. Nuestro cerebro funciona de una manera que no te está permitiendo ser todo eso porque no te das cuenta cuando boicoteas tu camino a la felicidad, porque sigues, dado su forma de funcionar, cayendo una y otra vez, a las mismas acciones o pensamientos, que ayer te sirvieron, pero que hoy, probablemente ya no.

Por eso, para comenzar ese fabuloso trayecto que es vivir tu vida, tienes que elegir cambiar. Tienes que elegir quien quieres ser más allá de lo que te toco, de lo que pauta tu cerebro y de las influencias de la cultura en la crecimos.

# ¿CÓMO COMIENZAS?

El cambio comienza con el autoconocimiento. Para conocerte debes auto observarte para que vayas entendiendo tus patrones y elijas modificar y sustituir aquellos que ya no te sirven, para la vida que definas que, a partir de ahora, mereces vivir.

1. Aprendimos de nuestra crianza, que cuando hacíamos énfasis en lo que estaba mal, se corregía. Es una forma de rechazo y esto genera dolor de verdad en el cerebro, tanto como el dolor físico. Para evitarlo, corremos a reparar lo que está dañado sobre estimulando el detector de errores en nuestro cerebro (ver columna azul) y llevando a patrones donde cada día nos resulta más fácil encontrar las faltas, y con ello recibir más y más dolor. Cuando recibimos reconocimiento de otros se estimulan nuestros centros de placer y nos sentimos bien. Ese reconocimiento nuestro cerebro también lo puede aceptar desde nosotros mismos. Así que cada día junto con el diario que te recomiendo a continuación, escríbete palabras de reconocimiento por lo que realmente hiciste bien, por lo buena que eres, por tus buenos pensamientos para con las personas.

**DIARIO DE EMOCIONES** Inicia un diario, compra un cuaderno solo para este fin.

1. Úsalo mínimo por un mes. Pero puedes quedarte con el hábito toda tu vida.
2. Anota que problema tuviste ese día o que no salió como querías.
3. Identifica que emoción te llevo a tal acción o inacción. Que buscabas lograr con lo que hiciste. Buscamos placer o evitar el dolor (mira el cuadro)
4. Piensa y escribe (es importante escribir) Que resultados vas a seguir obteniendo cada vez que sigas ejecutando dicha acción. Mira todas las consecuencias negativas para ti, para tu familia, para que la emoción que ahora sientas, con el ejercicio, te motive al cambio.
5. Busca (y se creativa) que otra acción pudiera darte lo mismo sin estas consecuencias. Evalúa 2 alternativas mínimo.
6. Revive nuevamente lo que paso ese día, pero aplicando la nueva acción.

7. Felicítate y escríbete palabras de aliento y aprobación porque eres capaz de cambiar. Es muy importante para impulsar la nueva acción la próxima vez que se presente.

8. Con el diario, hemos apoyado a muchas mujeres a cambiar patrones, como llorar en el trabajo, dejar de sentirse las victimas de sus parejas, dejar de gritarles a sus hijos, romper con relaciones toxicas, frenar el abuso de familiares, sustituir el llanto por la risa, Sentir amor y compasión por sí mismas a la ira, entre muchos patrones, que hoy tú puedes comenzar a romper.

9. La meditación (más sencilla de lo que puedas pensar), focalizar tu atención conscientemente más en lo que te gusta, que en lo que no, Comer en horarios regulares (para que tu cerebro obtenga la glucosa que necesita para funcionar y no se ralentice), buenas posturas, actos intencionados de caridad, darte aprobación, son algunos de los recursos que pueden ayudarte a lograr alcanzar la plenitud que mereces. ¡Vamos, tú puedes!

**Nuestro cerebro nos acerca a las cosas que nos causan placer y nos aleja de las que nos causan dolor.**

Guarda en la memoria las experiencias pasadas y compara para saber qué hacer en el futuro. Este proceso se hace en microsegundos y no eres consciente de ello, pero tus patrones te llevaran a alejarte o acercarte de la situación.

**Este artículo podría hacerte sentir amenazada en un nivel muy subliminar.**

Ejemplos de acciones para evitar el dolor y encontrar placer inmediato

- Compararon alguien
- Insistir para ganar en una discusión
- Controlar
- Conocer a alguien
- Soledad pareja poco confiable
- Recelo compañero de trabaja competitivo
- Sentir impotencia, ira, dolor, autocompasión frente a una Injusticias hacia nosotros o los demás

**" Tú tienes todo lo que necesitas para definir cómo quieres vivir TU VIDA hoy."**

Kirssy Lorenzo

# PROTEGE A TUS HIJOS DE LOS EFECTOS DE UN DIVORCIO

Julio 2015, Revista Nuestros hijos

El que tus hijos salgan bien de un proceso de divorcio no depende de ellos y sólo ustedes, los adultos a cargo son los que pueden evitárselo.

Como padres algunas recomendaciones:

- ✓ No pelear con tu ex frente a él/ellos
- ✓ Priorizar la salud emocional de su(s) hijo(s)
- ✓ Recordar que el divorcio fue de la pareja no de los hijos.
- ✓ Juntos explíquenle el divorcio y acuerden una única versión que ambos deberán respetar.
- ✓ Que quede claro que el niño(a) no tiene responsabilidad alguna en el divorcio. Esto es muy importante.
- ✓ Recuérdenle que ambos le aman y que, aunque no vivan juntos esto no cambiará.
- ✓ No haga promesas que no podrá cumplir
- ✓ Jamás coloque al niño en una posición de elegir con quien va a vivir. Esa es una decisión que tomarán los adultos.
- ✓ No trate de justificarse hablando mal de su ex.

Frente a los cambios el niño tendrá diferentes formas de reaccionar. No lo reprima y deje que canalice la frustración de la manera que le surja, que podría ser llanto, rabia o tristeza. Estas podrían manifestarse de forma directa o como desahogos frente a otras situaciones que parecerían no estar asociadas al tema, pero a las cuales este reacciona con mucha emotividad.

Muchas madres frente a los cambios y a las nuevas responsabilidades que debe asumir sola se ven a sí misma indefensa y de cierta manera frustrada. Lo cual puede llevar a sobreactuar ante la sensibilización del niño.  Si el niño ve que su mundo sigue lo más similar posible a antes del divorcio, en el sentido de su ritmo de vida, sus rutinas, su alimentación, sus actividades extracurriculares. Si él ve que mami está bien, y que papi también, será más fácil que se tranquilice y que se adapte al cambio.  Es lo que debemos lograr como padres, asegurarnos de su salud emocional.

Kirssy Lorenzo

# COMO EL PODER DE LA VISION PUEDE LLEVAR A TU FAMILIA A ALCANZAR LA PLENITUD EN ESTE NUEVO AÑO

Diciembre 2014, Revista Nuestros hijos

¿Cómo lograr que nuestros hijos desde pequeños comiencen a planear su futuro, conseguir esas cosas que desean a corto y largo plazo, aprendan a ser perseverantes frente a lo que desean y que de manera consistente y esforzada sus sueños se vean realizados? Es hora de echar mano a la obra y comenzar siendo los modelos que ellos copien.

Todos necesitamos para poder avanzar en la vida una visión tan poderosa que te mueva a hacer lo necesario para alcanzarla. Esta visión es la fuente de inspiración que va a conducirte a evitar los obstáculos que se te presenten.

Tú y tu familia pueden construir una visión para cada área de sus vidas:

## VISION DE MI RELACION DE PAREJA

Una relación con una visión tiene más probabilidades de éxito que una sin ella. Cuando llegamos a una relación entramos a ella con una serie de expectativas que no necesariamente son las de mi pareja. Razonar juntos y compartir nuestras visiones independientes para crear una visión de la relación nos permitirá alinear nuestras acciones y esfuerzos, para lograr el bien común. Imprimir en grande y colocar en un lugar visible por ambos, será parte de las herramientas que les garantizaran mantenerse alineados a alcanzar la plenitud y la felicidad que todo el mundo desea en su relación.

## VISION PARA MIS HIJOS

¿Qué desean? ¿Qué suenan? ¿Qué los llena? ¿Qué quieren aprender? ¿A dónde quisieran ir?

**SE CREATIVO**
A mano o con la computadora:
Tomen una cartulina
Coloquen fotos, recortes, frases que les inspiren
Acerca de la relación, de la prosperidad, de la salud, de las finanzas
¿Qué sueñas tener? ¿Qué nivel de prosperidad deseas alcanzar? ¿Qué negocio quieres abrir?

## MI VISION

Muchas personas tienen el gran reto, no de tener una visión, sino de tener una tan poderosa que los motive lo suficiente para lograr el desafío de alcanzarla.

¿Es poderosa tu visión? ¿O es tan pequeña que no te significa ningún reto? ¿Qué es lo que más te motiva? ¿Es lograr algo para ti o para los demás? ¿Quiénes son aquellos a los que impactarías de lograr esta visión? ¿Qué es lo que vas a lograr tan potente, que el "por qué" te mueva a la acción y posteriormente a desarrollar un cómo y un cuándo, que convertirán esta visión en una realidad?

Kirssy Lorenzo

# ENSEÑANDO A TUS HIJOS A CONTRIBUIR DESDE TEMPRANA EDAD

Octubre 2014, Revista Nuestros hijos

### *¿Por que es bueno para ellos aprender a compartir lo que tienen?*

La contribución es una de las necesidades básicas del ser humano.  Enseñarles temprano a practicar el satisfactorio verbo "dar" permitirá a tus hijos desarrollar una de las áreas más importantes y reconfortantes del ser humano.  Las necesidades humanas básicas, deben constituirse en derechos inalienables del ser humano, ya que su posesión y práctica hacen a la dignidad del individuo y las comunidades.

A lo largo del tiempo estas necesidades siempre serán las mismas. Lo que ha de cambiar- en las sociedades y según la cultura y edad- es la manera en que estas necesidades se satisfacen.

El resto de las necesidades son seguridad, variedad, significado, conexión y contribución. Estas las abordaremos en futuros artículos.

Mientras, ¿Cómo le enseño a mi hijo a contribuir?


## *REDUCCION Y REVISION DE JUGUETES*

Años tras años, familiares, amigos y parientes les regalan a nuestros hijos, más y más juguetes, los cuales a medida que se acumulan, son desechados o desatendidos por el interés en otros más favorecidos.  Si les explicas a tus hijos que estos juguetes que ya no usan podrían hacer muy feliz a otro niño con menos suerte que él verás cómo tu hijo se muestra abierto y colaborador a desprenderse de sus tesoritos. Si lo involucras en el momento de la entrega, iniciarás en él un hermoso y simbólico acto que representará en su futuro algo muy hermoso y sublime.

Kirssy Lorenzo

# ESTRATEGIAS PARA UNA MADRE MULTITASKER

Septiembre 2014, Revista Nuestros hijos

*Estrategias Para Una Madre Multitasking*

Hoy en día que nos vemos en la obligación de atender múltiples tareas, trabajar, ser esposa, madre y si queda algún tiempo, regalárnoslo a nosotras mismas, debes

**ADMINISTRA TU TIEMPO:** Crea calendarios, tablas y controles para la tarea diaria tuyas y de ellos. El fin del mismo es reducir la frecuencia de las cosas que haces cada semana, Seas tú o sea un servicio quien lo haga., el lavado – planchado- limpieza profunda, dedícale a cada uno, solo 1 día a la semana.

**BRINDALES VARIEDAD Y CONSUME MENOS TIEMPO:** Estructura un menú semanal donde cada día tus hijos tengan variedad. Incluye en este menú la lonchera y la merienda de las tardes. Desarrolla una lista de compras en base a este menú y sácale varias copias. Solo 1 vez a la semana compra lo que necesitarás para la semana completa. Dispondrás de más tiempo para ellos, comerás mejor, gastarás menos dinero.

**DELEGA:** Haz una lista de todas estas cosas que "crees" que debes hacer que:

1) toman más tiempo que su real valor.
2) no traen felicidad
3) no traen dinero
4) podrías jamás volver a hacerla y tu mundo continuaría funcionando.

Elimina, delega o redúcela. La meta es que dispongas de más tiempo para que el tiempo de los niños sea de calidad.

Evalúa si es emocional y económicamente más conveniente para ti, ¡pasarte todo el día moviendo a tus hijos de una escuela a otra o subcontratar ese servicio y utiliza este tiempo en cosas que te permitan estar más relajada a la hora de compartir con ellos! ¡Haz el cálculo y toma acción!

**DIVIERTETE CON ELLOS:** a veces sin darnos cuenta, copiamos el modelo de nuestra madre o abuela, y creemos que somos mejores madres si nos preocupamos más y nos mantenemos ocupadas. Al delegar vas a disponer de un tiempo que puedes dedicar a ellos. ¿Qué te gustaba hacer cuando niña? ¿Qué les puedes enseñar de tu infancia que te permita conectar más profundamente con ellos y pasar un momento increíble?

No te imaginas el valor de crearles memorias que puedan contar a sus hijos y que catapulten tu valor para ellos, más que ser proveedores de necesidades y gustos. ¿No te gustaría cruzar ese puente?

disponer de herramientas y recursos que te permitan no colapsar en el proceso. En esta oportunidad quiero compartir algunos consejos que me han funcionado, uno: como madre de trabajo, fuera de la casa, por más de 15 años y dos: como madre que labora en un horario más flexible. No importa la cantidad de hijos que tengas: sean varios o solo 1.

Aprende a preocuparte menos y a vivir más, veras como esto crea la gran diferencia en tu relación con tus hijos y el resultado a largo plazo cuando ellos se hagan adultos.

Kirssy Lorenzo

# PORQUE NO DEBES HACERLE LA TAREA A TU HIJO

Agosto 2014, Revista Mujer única

Medida que mi familia va creciendo, he puesto en prueba diferentes formas y recursos para ayudarles a desarrollarse en el aspecto educativo. La experiencia y la opinión de varios expertos en la materia me han enseñado, que por más atrayente que parezca, no puedo caer en la tentación de hacerles la tarea.

## *CUANDO PIERDES GANANDO*

Hace unos meses en el colegio de los niños plantearon un concurso de dibujo. Yo, modestia y aparte, soy buena en artes visuales, pero entendiendo que eran ellos quienes tenían que probar sus talentos artísticos, solo les facilite las herramientas y les di la guía para que comunicaran de acuerdo con su edad y destrezas sus interpretaciones de la imagen solicitada. Era su trabajo comunicar su interpretación del tema como mejor ellos pudieran.

No ganaron. Olvidé el tema, hasta que unos días después vi la exhibición de los trabajos ganadores y sentí indignación y vergüenza por la falta de sentido común de un jurado que no "pudo" detectar que la calidad, los detalles y materiales utilizados en estas obras, fueron obviamente manejados por adultos. ¿Qué favor cree que le hace un padre a un niño cuando lo pone a competir con sus compañeros y él es quien hace el trabajo? ¿Qué mensaje subconsciente le envía a su propio hijo: Todo es válido para ganar?: "Como tú no eres capaz de ganar, tenemos que hacer trampa". Qué tristeza.

## *PORQUE*

- Tomar las riendas en algo que debe ser personal termina imponiendo el estilo del padre sobre algo propio del niño lo cual puedo retrasar el que el niño desarrolle su individualismo y peor, se haga dependiente.
- A veces por buscar asegurar los mejores resultados posibles, lo cual es una necesidad de control, no nos damos cuenta si realmente el niño podrá mantener un rendimiento que, por carencia de dominio, talento o hábito, no tiene. ¿Qué pasará en la vida de ese niño cuando sea adulto y no estés?
- Una supervisión demasiado estrecha y paso a paso, puede llevar a regaños y gritos que al final predispongan al niño y asocie de manera duradera el hacer tareas con dolor y afectación a su autoestima.
- En el caso de que trabajes, ¿Qué pasa cuando llegas cansada, molesta y necesitando un respiro y el niño te está esperando con una pila de tarea por hacer? ¿Ese día no sale tu mejor versión verdad? Y hasta puede que lamentes haber creado un hábito

del cual eres prisionera y al cual veremos más adelante, según estudios, no es lo que hará la diferencia en el desarrollo educativo de tu hijo.

**Algunas madres por remordimiento o sensación de culpa de no estar todo el día con el niño porque trabajan buscan compensar involucrándose al 100% en las labores escolares para el hogar. Recuerda que el amor no debe causar dolor y luego tu hijo lo puede pagar siendo menos responsable, esperando que otros hagan su trabajo o no confiando en que puede solo lo que otro niño sí. Ayúdalo a ser autosuficiente e independiente. No estarás para siempre.**

### SEGÚN LAS INVESTIGACIONES

En el estudio más grande sobre como la participación de los padres afecta el rendimiento académico, Keith Robinson, profesor de sociología en la Universidad de Texas en Austin, y Ángel L. Harris, profesor de sociología de la Duke, en su mayoría descubrieron que esta intervención no mejora los resultados.

Los investigadores trabajaron con datos de casi tres décadas sobre padres estadounidenses y revisaron 63 mediciones, desde ayudar con la tarea hasta hablar con ellos acerca de los planes de la universidad.

En un intento por demostrar si los niños de los padres más involucrados mejoraron con el tiempo, los investigadores encontraron en la mayoría de las formas medibles que el resultado no mejoró o incluso arrojó resultados contraproducentes. Sin importar la raza, la clase o nivel social.

## HABITOS QUE SI MARCAN LA DIFERENCIA

Hay maneras más productivas de demostrar el amor y tu apoyo. Por ejemplo:

- Al principio de la educación escolar es útil y bueno darle una guía. Enseñarles hábitos, horarios, fuentes de consultas
- Leer en voz alta a los niños pequeños
- fomentar en sus hijos buenos hábitos de estudio
- Hablar con los adolescentes sobre qué desearía estudiar y dónde
- Prohibirle ver televisión mientras hace tareas
- Prohibirle el IPod/Tablet/celular durante las tareas

El niño con mejores resultados en aquel cuyos padres le enseñan a ser responsable, organizado y que supervisa con regularidad sus calificaciones. El objetivo debe ser educar hijos para que sean autosuficientes e independientes.

Kirssy Lorenzo

# COMO SER UNA MADRE MÁS DIVERTIDA

Junio 2014, Revista Nuestros hijos

*Aprendiendo a disfrutar esos momentos*

Por muchos años vivì con una terrible sensacion de culpa, por no disponer de tiempo para mis hijos y cuando lo tenìa, no podia ser la mamà que yo sabìa que podìa ser porque estaba muy cansada o estresada o ansiosa o molesta.

Te comparto algunas de las estrategias que me han funcionado desde que soy coach, para lograr desconectarme del rol de mujer eficiente y convertirme en una mamà divertida:

*PONLE RITMO Y EMOCION A LO QUE DICES:* es increible como tu hijo recibe lo que le dices, si le pones voz del Pato Donald o de malon de pelìcula. Solo trata un dìa y veràs que divertido es. Primero te miraràn: "¿Què le pasa a mami"? despues, se les mete una contentura porque està pasando algo nuevo, emocionante.

*IMPROVISA:* esto me lo enseño Alexania la profesora de uno de mis hijos: Sorprendelos! Inventate un juego al escondido y sal corriendo. Invitalos a comprar un helado en la esquina y vete con ellos caminando. Apaga la TV y prende la radio y ponlos a bailar. Disfrutate el momento!

*DEFINE TU CODIGO DE CONDUCTA A PARTIR DE HOY:* esta es una herramienta muuuuuy poderosa! Esta es la lista de las emociones con las que a partir de ahora,eliges vivir. Por un mes habras de leerla todas las mananas y en la noche revisar y marcar si ese dia lo fuiste. Para tu cerebro si prevaleces, se convertira en un habito y seras una mama mas divertida para ellos y para tu propio bienestar.

| **MI CODIGO DE CONDUCTA** |
| --- |
| Hoy |
| Yo seré divertida |
| Seré agradecida |
| Seré sincera |
| Seré...... |

Disfrutalo!

Kirssy Lorenzo

# COACHING PARA PADRES

Julio 2014, Revista Pandora

El coaching es una carrera muy reciente en la República Dominicana, pero en Estado Unidos, Europa, Australia y Asia, tiene más de 40 años. Presidentes, CEO's, directores, gerentes en todo el mundo tienen coach asesorándoles, guiándoles a lograr los mejores resultados en sus profesiones, en sus vidas.

El coaching para padres guía a los padres en la labor de apoyar a sus hijos en ser las mejores versiones de ellos mismos.  En sociedades como la nuestra, se nos forzó inconscientemente a pensar que "debemos" saber que hay que hacer como padres. Y la verdad es que nunca fuimos preparados para serlo. Aceptar que necesitamos ayuda, o que no tenemos idea de cómo hacerlo, es creer que se es defectuoso o que no se está realmente comprometido con la meta. Pero la verdad es que nadie nos dio un manual, y muchas veces somos productos de modelos que tuvieron sus baches en el camino. Al final, ser padre se convierte en una prueba y error. Donde algunos errores se pagarán con lágrimas y otros con dinero.

Desde el coaching, usamos preguntas poderosas que mueven a los padres a darse cuenta con sus respuestas dónde está la solución a la situación que estén viviendo con sus hijos:

**Contacto físico**: como bebé el niño recibe mucho y frecuente. A medida que va creciendo y haciéndose independiente éste se reduce y dependerá de la propia personalidad de los cuidadores principales el continuar aplicándolo.  Un niño sin contacto físico no puede sentirse seguro ni protegido. Así que analiza las siguientes preguntas ¿Con que frecuencia tocas a tus hijos? ¿Qué significado podría tener para el niño este contacto? ¿Es amor? ¿Es castigo? ¿Es ternura? ¿Es rabia? ¿Es frustración?

**Amor**: Hay muchas maneras simples y sencillas de expresarlo. Y es básico para el niño sentirse aceptado, querido, saber que su existencia es grata a sus padres.  ¿Se siente así el tuyo?

**Elogio:** este puede ayudar a mejorar la autoestima del niño. Para ello debe ser adecuado: Realista (donde elogies específicamente lo realizado, sin exagerarlo porque les pone una presión frente a posteriormente llenar tus expectativas).  Medido (ni muy empalagoso ni muy agrio. Algunos padres le hacemos un cumpleaños a cualquier obra común y normal de nuestros hijos, volviéndolos posteriormente adictos a nuestros elogios que se pagarán con pataleos o desánimo si a la próxima no hacemos otra fiesta).

**Estructura**: la cual le brinda seguridad.  Y consiste en las reglas claras o asumidas que hacen que la familia funcione. ¿Hay estructura en tu hogar? ¿Quién manda? ¿Quién obedece? ¿Quién paga por no tener estructura? De seguir así, ¿Cómo te ves en 10 años?

**Tiempo de calidad:** Este tiempo no se trata de qué tanto trabajas. Se trata de qué tan dispuesto estas en sacar este tiempo.  Nos agobiamos solo pensándolo, pero con pocos cambios se logra mucho. ¿Comen todos juntos el domingo? ¿Juegos de mesa el jueves en la noche? ¿Ir al parque?  Es crear una maneara de afianzar los lazos afectivos y de comunicación.

# COACHING PARA LOS PAPAS

Julio 2014, Revista Nuestros hijos

Quien le pregunte al padre de mis hijos que, si ser padre de trillizos es fácil, tendrá como respuesta una inesperada sonrisa. Frente al reto de ser padre él eligió disfrutárselo.  Eso no quiere decir que no se lo tome en serio, ni que sea fácil.

Aquí te comparto algunas de las cosas que él tiene en cuenta en la crianza de sus hijos:

**TENER PALABRA**: hemos aprendido que el niño no olvida promesas. El hecho de que el propio padre le falle a un niño puede incluso definir su personalidad. No imaginas el impacto que tiene en su seguridad el no creer en nosotros.

**FIRMEZA**: estamos tan bombardeados por lo que los demás esperan de nosotros: emails, celular, trabajo, amigos, familiares, que nos cuesta concentrarnos.  Así un día le decimos que no hagan algo y al día siguiente actuamos como que no nos importa.  El niño desarrolla la ilusión de que siempre conseguirán lo que quiere.

**COMUNICACIÓN**: con la cantidad de distracciones a las que estamos expuestos WhatsApp, Facebook, hacer de chofer, ser empleado, ser pareja, entre otras muchísimas cosas, cada día disponemos de menos tiempo y hemos encontrado en la tecnología un "terrible" aliado. Terrible porque estamos dejando que sean ellos los que escuchen, atiendan, consuelen a nuestros hijos. ¿Estás dispuesto a pagar el precio?

**COMPETENCIA ENTRE PADRES:** ¿quién no se ha visto concediendo un favor a un hijo, a sabiendas de que el otro padre no está de acuerdo? En ese momento tienes el placer de ser "el mejor/bueno/el comprensivo".  Pero ¿qué mensaje está recibiendo tu hijo? Y ¿qué repercusiones a largo plazo generará?

Kirssy Lorenzo

# CONSEJOS PARA MADRES SOLTERAS

Mayo 2014, Mujer Única

*¿COMO SOBREVIVIR A ESTAR SOLA, CON MUCHOS O POCOS HIJOS Y LOGRAR TENER EL ÉXITO PROFESIONAL QUE DESEAS Y LA FELICIDAD QUE MERECES?*

Cuando sin planearlo te conviertes en madre de una trulla, tienes 2 opciones: te rajas a llorar y pasan años de depresión y conmoción o eliges el camino más sano: disfrutarlo.

Mi historia es algo complicada, pero no me será difícil contártela pues, me toca hacerlo semanalmente cuando entro al supermercado con mi conani (como algunas amigas me dicen) y alguien se me acerca y me hace la misma pregunta: "¿Son todos tuyos? ¿Hasta la grande? ¿Pero y cuánto se llevan? ¿Que son trillizos? ¡Pero tú no lo pareces!". La siguiente pregunta, que nunca falta: "¿Y fue natural el embarazo?" y por ahí comienzo con una sonrisa de orgullo, a explicar mi filosofía de si ya tienes que hacerlo, pues vamos a hacerlo con gusto y bla, bla, bla. Todo va bien hasta que se percatan de la pequeñita y vuelven las preguntas: "¿Pero y después de eso, volviste a parir?"  Entonces más explicaciones, hasta que termino dando consejos.

Consejos que me gustaría compartir hoy contigo. Sea que tengas muchos como yo o solo 1. La experiencia con estas madres de pasillo, como podría llamarles, es que, al tener menos niños, tienden a ser más indulgentes y a tenerles algo así como "pena" permitiéndoles hacer cosas o asumiendo responsabilidades que al final, colman la paciencia, reducen el nivel de tolerancia, y vuelven sus nervios añicos, para terminar, proyectando toda esa frustración e impotencia precisamente hacia la fuente: los hijos.

¿Que lo hace más difícil? si no tienes un compañero con quien compartir la responsabilidad, entonces… ¿Cómo sobrevivir a estar sola, con muchos o pocos niños y lograr tener el éxito profesional que deseas y la felicidad que mereces?

Lo primero que necesitas es estructura. Fue lo que me ayudó el primer año de los trillizos y me sigue funcionando hasta hoy.

**ORGANIZATE:** diseña un calendario semanal con el cual optimizaras al máximo tú tiempo. El fin del mismo es reducir la frecuencia de las cosas que haces cada semana, para que no termines reventada el domingo. Seas tú o sea un servicio quien lo haga, el lavado – planchado- limpieza profunda, dedícale a cada uno, solo 1 día a la semana. Parecerá imposible, pero se puede. No solo dispondrás de más tiempo para lo que realmente es importante, sino que también logras economía.

**DELEGA:** ¿Qué estás haciendo excelentemente bien, que no debería ser hecho? Haz una lista de todas estas cosas que "crees" que debes hacer, pero que 1) toman más tiempo que su real valor. 2) no traen felicidad 3) no traen dinero 4) podrías o jamás volver a hacerla o pagar o delegarla a otra persona para que la haga.

La meta es que dispongas de más tiempo para lo que realmente es importante para ti. Ejemplo: a mí me encantaba hacer yo misma la jardinería, me decía a mí misma que me relajaba y que me encantaba el contacto con la naturaleza. Pues cuando hice revisión, me di cuenta de que a mi espalda no le parecía tan chulo dicho contacto y que me robaba medio día de un fin de semana muy corto. Aprendí entonces a sacar una silla, leer un libro y tener ese mismo contacto con la naturaleza mientras un señor, podaba, cortaba y recogía las hojas.

**ECONOMIZA:** Estructura un menú semanal donde cada día coman algo diferente. Variedad en las carnes, los tipos de habichuela, las ensaladas. Incluye en este menú la lonchera y la merienda de las tardes. Desarrolla una lista de compras en base a este menú y sácale varias copias. Solo 1 vez a la semana compra lo que necesitaras para la semana completa. Comerás mejor, gastarás menos dinero y tendrás variedad. Compra en almacenes, como Price Smart. Una vez al mes voy y compro las meriendas y loncheras de los niños. El ahorro es aprox. de un 25% en mi caso. Calcula ¿Cuánto ayudas en 1 un año a tu bolsillo? ¡Cuántos viajes te ahorras al supermercado o peor, al colmado, y en gasolina o pasaje! Y tienes más tiempo para ti.

**DIRIGE** En tu casa la que manda eres tú y punto. Define a qué hora se deben acostar tus hijos: TODOS. Ser indulgente en este punto al final, lo perjudica a ellos, pues no duermen las horas que necesitan y te mantienen en un estilo de comunicación cargado, que no es sano. ¿Cuántas horas de televisión entiendes que deberían ver a diario? ¿A qué hora deben hacer las tareas? ¿A qué hora deben bañarse? ¿Cuántas horas y que días de la semana quieres que jueguen videojuegos y en cuáles tareas de la casa y de acuerdo con sus edades, podrían ayudarte? Hazlos responsables de que al final del día, recojan sus juguetes y su habitación. Reúnete con ellos y explícale como funcionarán las cosas a partir de ahora y ponlo por escrito en un lugar donde durante un mes, deberán leerlo todos los días, para que se aprendan la nueva rutina. Hazlo de buena forma, pero con firmeza. Tú estás a cargo y debes demostrarlo, por tu bien y por el de ellos. Los niños necesitan estructura, y ellos, aunque pataleen al principio, verás que los hace muy feliz saber que mami se ocupa de que sus mundos funcionen bien. Esto no es solo por ti, es por ellos.

Al final del día, dispondrás de un par de horas, para trabajar en silencio, organizar el próximo día, ver televisión, o sentarte tranquila en el trono, porque con ellos despiertos es imposible cerrar la puerta del baño y que al minuto alguien no entre, ¿verdad?

**DIVIÉRTE POR FAVOR!** ¿Por qué las madres trabajamos tanto? Una de las principales razones es porque queremos que a nuestros hijos no les falte nada, ¿cierto? Otra razón, es porque queremos que estén bien, que sean felices, ¿verdad? ¿Qué pensarías si te dijera, que nuestros hijos se preocupan por tu felicidad? ¿Que están constantemente escaneando tu rostro? ¿Que saben cuándo estas molesta, a punto de llorar, o los ignoras?  La calidad del tiempo con tus hijos durará lo que tardas en enfadarte por culpa de lo agotada o irritada que estas. ¿Quieres que tus hijos sean felices? Entonces comienza tú a serlo. ¿Recuerdas lo tanto que te molestaban los gritos, acusaciones, regaños y sermones de tus padres? ¡A que también lo estás haciendo tú! Si es así, también lo harán tus hijos. Tu felicidad personal que significa que te dediques un tiempo a ti misma, beneficiará a tus hijos porque tendrán una madre menos irritable, más satisfecha y de quien copiar la felicidad. ¿Tiene sentido?

**AGRADECE** Lamentablemente vivimos en una cultura donde estamos más alertas a la escasez que a lo que tenemos. Los científicos confirman que al aprender a agradecer nuestros hijos desarrollan mejores relaciones, son más amables, menos caprichosos, más serviciales y duermen mejor. Una forma de enseñarlos es una vez a la semana, pedirles que listen o reciten que cosas agradecen y hazlo tú también.

¿Qué es lo más importante para ti? ¿Qué es lo que más quieres? ¿Qué tendrías que hacer para lograr eso que más quieres? Si te haces esta pregunta con frecuencia, aprenderás a enfocar tu atención a eso que es más importante para ti y a deshacerte de las actividades que te mantienen lejos de los tuyos y de tus metas.

*Kirssy Lorenzo*

# 7 PASOS DE FOMENTAR LA FELICIDAD EN NUESTROS HIJOS

Abril 2014, Revista Nuestros Hijos

Estoy segura de que todos los padres queremos la felicidad para nuestros hijos, ¿cierto?

¿Pero si nosotros mismos miráramos atrás, que tan felices eran nuestros padres? ¿Y que tan felices somos nosotros hoy? ¿Cómo podemos ensenar algo que no sabemos? Y que, por generaciones, hemos aprendido de modelos que quizás practican una felicidad basada en elementos externos y temporales por lo cual, en vez de ser felices, lo que apenas logramos son escasos y a veces caros momentos de felicidad.

Entonces, ¿surge la pregunta: y como enseno la felicidad? ¿Como la puedo aprender para mí? Lo primero sería encontrar una buena definición para esa tan deseada felicidad, ¿no?

A veces la felicidad se confunde con alegría o con optimismo. Pero en realidad para estar felices, deben darse una suma de emociones, como: gratitud, satisfacción, amor, agradecimiento, perdón, bondad, empatía, fe y confianza. Cuando estas emociones están presentes en la vida de un niño, se da una infancia dichosa y feliz.

Pero si el niño, en su entorno lo que en realidad ve y convive es con la depresión, la frustración, la ira, el hastió, la crítica, la intolerancia, será muy difícil lograrlo. ¿Pero porque están nuestros hijos sometidos a esto y no a ese entorno cargado de felicidad que deseamos para ellos? Pues porque llegamos a casa muy cansados, estresados y frustrados de estar en la calle tratando de lograr la prosperidad para que nuestra familia sea feliz. Entonces, algo está mal en la formula, ¿no? Aquí mis tips:

- ¿Quieres que tus hijos sean felices? Da el ejemplo tú. Y selo. Comprométete a sacar unas horas de la semana para hacer algo que disfrutes y gózalo. No hay nada que alegre más a un niño que ver a sus padres contentos.

- Pídeles a tus hijos que se esfuercen, pero no les exijas la perfección. ¿Tiene sentido hacer las cosas bien solo por evitar el castigo? ¿Que un niño llega a mentir, sufrir o atormentarse por miedo a admitir que hizo algo por debajo de lo esperado? El perfeccionismo produce al final un adulto severamente crítico consigo mismo, con los demás. ¿Alguien que nunca encontrara que lo hizo bien, estoy segura de que eso no es lo que quiere, cierto? Entonces cambiemos el método.

- Enséñalos a ser agradecidos y a perdonar. El agradecimiento los mantiene con los pies sobre la tierra y evitas que crean que lo merecen todo. Y el perdón libera y les permite ir hacia un futuro sin cargar emocionales, que nosotros mismos como adultos, llevamos aun por muuuuchos años todavía.

- Enséñales a ser emocionalmente inteligentes. Esta debería ser una asignatura en las escuelas, puesto que no importa el éxito en las notas, está demostrado estadísticamente como la carencia de inteligencia emocional te puede cerrar puertas a nivel profesional y personal.

- Edúcalos en la autodisciplina. El sistema de castigo y recompensa nos funciona, pero termina volviéndose contra nosotros y dándoles un mal mensaje. Siendo firme y manteniendo tu autoridad ellos deben aprender a hacer lo correcto y ser responsables.

- Vive el presente. Estamos esperando que algo ocurra para comenzar a ser felices, a sentirnos en paz, a sentir amor, bienestar…. Pero ¿que paso si eso nunca ocurre? Nos negamos a vivir el hoy, en la medida de lo que hoy puedo disfrutar.

- ¿Y tú entorno, como está colaborando? ¿En medio de que o de quienes están creciendo tus hijos? ¿Y a que están expuestos? ¿O que están aprendiendo? ¿A que están jugando? ¿Está bien dejarlos jugar tanto tiempo en el videojuego porque así puedo yo descansar? ¿Qué precio tendré que pagar mañana por lo que no quiero ver hoy? ¡Nuestros hijos no pueden hoy hacer lo que yo hacía cuando niña si yo no estoy para enseñárselo! Y que maravillosa oportunidad me pierdo de con poca inversión, ser yo y enseñarlos a ser felices.


Kirssy Lorenzo

# PERSONALIDAD: DESCUBRE CUAL TIENE TU HIJO

Mayo 2014, Revista Pandora

## *COMO EL CONOCERLAS TE PUEDE AYUDAR A MEJORAR TU RELACION CON ELLOS*

El eneagrama es un sistema psicológico que explica que cada persona pertenece a una de las 9 personalidades que lo componen. La personalidad de un niño se basada en la predisposición genética y la moldea el entorno. Esta herencia genética se puede clasificar en 3 grupos los cuales, de acuerdo con la interacción del niño con sus padres o cuidador principal, definirán a que eneagrama el niño pertenecerá:

**Activo/enérgico/dinámico**: exigente, asertivo, mandón, franco, intimidante, egocéntrico, expresivo, voluntarioso.

**Afectivo**: da apoyo, sensible, atractivo, cariñoso, amable, simpático, cooperativo.

**Neutral**: evitativo, retraído, indiferente, apático, ausente, reservado, negligente.

Cada niño viene al mundo con una de estas actitudes (temperamento) y a la vez el padre, que también fue niño, la posee y tiene un eneagrama ya definido. El escenario al que se confronte el niño determinará su personalidad.

### *NIÑO AFECTIVO VS PADRE ACTIVO:  ENEAGRAMA TIPO 1*

Esta interacción es generalmente centrada alrededor de la agenda de los padres, a los que el niño va a suscribir con el fin de recibir la aprobación deseada. El padre será exigente, dominador y criticará cualquier "mal" comportamiento percibido. Este niño es extraordinariamente sensible a la crítica por lo que tratará de adaptarse y adherirse a los valores del padre siendo obediente. El niño aprenderá a dejar de lado sus necesidades y deseos reales con el fin de hacer lo correcto.

### *NIÑO AFECTIVO VS PADRE NEUTRAL: ENEAGRAMA TIPO 2*

El niño Sensible será agradable pero lo más probable es encontrar una actitud indiferente por parte del padre. Ante esta apatía y falta de interés, el niño sólo puede recurrir a volverse aún más agradable e irresistible a los padres, hasta que se las arregla para romper con la indiferencia y obtener la relación deseada. Al crecer, aprenderá a evaluar los estados de ánimo de otras personas y sabrá exactamente cómo satisfacer sus necesidades con el fin de ser apreciado y amado por ellos.

### NIÑO NEUTRAL VS PADRE NEUTRAL: ENEAGRAMA TIPO 3

Este niño siente la indiferencia de sus padres y más que desalentarlo, lo intrigan y reta. Serio, concentrado, aprende a poner de lado sus emociones, para tratar de cumplir con su necesidad ocasional de atención, la cual logrará impresionando a sus padres con sus logros sobresalientes y grandes aspiraciones, que le hacen sentirse digno y valioso a sus ojos. Más tarde en la vida, estos niños se convierten en triunfadores que ponen un gran énfasis en los resultados. Muy dentro de ellos no les gusta ser ignorados ya que les hace dudar de su propio valor.

### NIÑOS ACTIVO VS PADRE NEUTRAL: ENEAGRAMA TIPO 4

En esta relación el niño, por lo general, trata de captar la atención de un padre indiferente o ausente, expresándose con intensidad para lograr atención.  El no lograr su objetivo lo hace sentir frustrado, incomprendido y posiblemente abandonado. Estos niños más adelante pueden llegar a ser demasiado sensibles, artísticos, teatrales, melancólicos y depresivos.

### NIÑO NEUTRAL VS PADRE AFECTIVO: ENEAGRAMA TIPO 5

En esta relación, el padre se inclina a dar una gran cantidad de atención no solicitada por el niño que percibe la actitud de apoyo y afecto de sus padres como una forma de asfixia. El joven tenderá a retirarse de su entorno, y preferirá las actividades en solitario. La soledad le da una sensación de seguridad y bienestar. Aman aprender y descubrir cosas por su cuenta.

### NIÑO AFECTIVO VS PADRES AFECTIVOS: ENEAGRAMA TIPO 6

Este niño suele establecer una relación muy estrecha con su cuidador. Crea un fuerte deseo de relaciones armoniosas y se siente amenazado cuando surgen los conflictos y la falta de estabilidad. Prefieren jugar con las reglas con el fin de mantenerse a salvo de cualquier falta de armonía que pondrá en peligro sus relaciones. Son juguetones, cariñosos y leales. Mientras que, al mismo tiempo, permanecerán alerta y vigilante para evitar los conflictos y las amenazas ocultas. La sospecha de los motivos de otras personas puede surgir como una protección contra el abandono y el rechazo.

### NIÑOS ACTIVO VS PADRE AFECTIVO: ENEAGRAMA TIPO 7

Las demandas y preocupaciones de los niños son generalmente recibidas con benevolencia y una actitud alentadora de apoyo por sus padres. Esto crea un ambiente tolerante en el que el niño pueda expresarse abiertamente y recibir atención sin mucho esfuerzo de su parte. El niño se convierte en seguro de sí mismo.

## NIÑO ACTIVO VS PADRE ACTIVO: ENEAGRAMA TIPO 8

El niño y el padre experimentan conflictos abiertos sobre una base regular y se oponen entre sí, dando lugar a luchas de poder y argumentos explosivos. El padre es impaciente e intolerante con la naturaleza rebelde del niño y trata de imponer su voluntad en forma autoritaria. La relación se convierte en una especie de campo de batalla, que es la manera como el niño después logra percibir el mundo que le rodea.

## NIÑO NEUTRAL VS PADRE ACTIVO: ENEAGRAMA TIPO 9

El niño Neutral es a menudo abrumado y asustado por el control y dominio del padre activo.  Al carecer de las habilidades de autoafirmación prefiere retirarse y mantenerse fuera del camino, reduciendo al mínimo sus propias necesidades y evitando los padres tanto como sea posible. La mayor parte del tiempo preferirá mantenerse bajo perfil e ir con la corriente. Prefieren adormecerse así mismos con la comida, televisión u otras rutinas sin importancia para evitar el dolor emocional.

Kirssy Lorenzo

# METAS FAMILIARES PARA EL NUEVO AÑO 2014

Diciembre 2013, Revista Nuestros hijos

Cuando den las 12:00 del 01 de enero, iniciará un nuevo año y con él la oportunidad de tomar nuevas resoluciones que afectan a la familia que si no mantenemos con fuerza y voluntad pueden convertirse en "para después" como en años anteriores.

Entonces ¿Qué hacer, para ser más sinceros y realistas, y procurar verdaderamente comprometernos con metas con mayor posibilidad de éxito? Para esto la primera recomendación, es comunicarlas a los afectados y a las personas que nos pueden servir de apoyo en su ejecución.

Una actividad que he implementado en mi propia familia es, antes de terminar el año celebrar una reunión familiar con el título "El mejor próximo año de nuestra vida", solo con el título los más pequeños comienzan a dar saltitos de emoción y para mantenerlos en esa onda, iniciamos revisando todas las cosas divertidas y emocionantes que hicimos durante el presente año, para volver a planificarlas en fechas similares desde ya. Luego, entramos en las metas específicas, donde cada uno tiene una participación importante, y estas metas van desde: no dejar la ropa tirada en el baño hasta mejorar las notas, entre otras...

Aquí algunas ideas para posibles metas que, en estos últimos años, como familia, nos hemos planteado. Espero les pueda servir de referencia:

## *METAS DE LA FAMILIA*

- Aprender a agradecer antes de irnos a acostar. Cada miembro debe decir algo por lo que se siente agradecido ese día.
- Apagar las luces al salir de cada habitación.
- Abrir la llave del agua sólo cuando es necesario.
- Eliminar el "cállate ", "estúpido ", idiota" del vocabulario que usan los más jóvenes.
- Planificar diversión para toda la familia de bajo costo de esta planificación surgió ya hace un par de años que los miércoles es noches de juegos de computadora y los jueves es noche de juegos de mesa. El Wii es solo para los viernes, sábados y domingos.

## *METAS PARA LOS NIÑOS*

- Ayudar a fregar los trastes de la cena, sin importar el género.
- Disponerse a discutir menos con sus hermanos.
- Ayudar con el lavado cuando surja la necesidad o el servicio no esté.
- Antes de acostarse, recoger y organizar su propia habitación.
- Mejorar las calificaciones, negociando cual será la meta en una materia especifica. Ejemplo: comprometerse con una C o B en gramática, y poco a poco ir subiendo la meta.

*META DE LOS PADRES*

- Respetar los límites que establecí, aunque sea más fácil romperlos. Por ejemplo: No ceder cuando uno de los niños no quiere irse a acostar a la hora acordada.

- Encontrar la manera de evitar iniciar una oración con la palabra "no" cuando les hable a los niños.  Para no predisponerlos a que "nunca" les dejo hacer nada. Y evitando así que quieran retarme, que es lo que suele pasar con niños pequeños.

- Aprender a decirle lo que sí pueden hacer porque no hay manera de que hayan nacido sabiéndolo. Evitando así cometer el error de asumir que lo saben y posteriormente castigar.

- Este año aprender a controlarme y evitar descargar mi ira en mi hijo por romper una regla o hacer algo incorrecto. El alivio que esto provoca es temporal, sin embargo, el remordiendo es duradero y perturbador. Y el niño aprende a temer a alguien, que el supone, debía ser quien lo protegiera.

Una vez negociada y definida la lista de metas, deben plantearse revisiones mensuales o trimestrales, y así ver el avance e inclusive si es necesario hacer cambios. Muy importante: ofrecer felicitaciones por los progresos y evitar los comentarios despectivos frente a las metas inconclusas.

Se crea un nuevo habito familiar, cuyos resultados permitirá a cada miembro orgulloso.

Parece que se quiere establecer el mismo patrón en las demás familias. Es bueno invitar a que cada familia desarrolle su planificación de acuerdo con sus necesidades y que se especifique que este solo es un ejemplo, como en el párrafo 4.

Kirssy Lorenzo

# COACHING PARA NIÑOS

Julio 2013, Revista Nuestros hijos

Hace unos días una amiga me contó esta historia y la encontré perfecta para este artículo. Es sobre un niño en la escuela, durante una clase sobre las profesiones. Le pregunta la maestra: "¿Quisieras ser como tu padre?" Y él, pone cara de espanto y dice "¿Yoooo?, no! ¡No quiero ser como mi padre! Mi papa nunca está en casa, no puede comer de nada por su estómago, y solo hace llorar a mi mama". Yo, lo que quiero ser es obrero de construcción. Y su carita cambia y se ilumina. "ellos si disfrutan la vida! Comen lo que les da la gana, siempre están contentos y haciendo chistes y cada vez que ven a una mujer, le dicen cosas bonitas…"

*¿Es este tu caso? ¿Estás tan ocupado en darles a tus hijos lo que nunca tuviste, que no tienes tiempo para estar con ellos? ¿Quieres que sean felices y no eres capaz de darles el ejemplo con tu propia felicidad? ¿A quién sueña parecerse tu hijo(a)?*

Nadie nos entrenó ni nos dio el manual de cómo ser padres. Pero nada nos impide, frente al no saber qué hacer, salir a buscar ayuda. Aquí cito algunas habilidades que todo padre que quiera educar a sus hijos desde la filosofía del coaching debe tener:

1. Se coherente con los que dices que son tus valores. Los niños no aprenden con lo que le dices que hagan; sino con lo que ven que tú haces. Se tu palabra.
2. Se Confiable todo lo que prometas que vas a hacer, hazlo. Sea esto un premio o un castigo. Una amenaza que no se cumple, un regalo que no se da, hace que nuestros hijos no crean en nosotros.
3. Se constante hacer las cosas de manera esporádica, no funciona a la hora de educar a nuestros hijos. Lo que puede marcar la diferencia entre hacer las cosas muy bien y la mediocridad, es la manera perseverante en la que las realizamos.
4. Escucha activamente. Evita los interrogatorios y escucha a tu hijo, pero no solo las palabras que dice. Observa sus gestos, sus movimientos, lee entre líneas y no juzgues.
5. No hay fracasos sino resultados diferentes a los esperados. Cada experiencia es una oportunidad para aprender. ¿Qué puedes aprender de esto que ocurrió? o ¿Qué puedes hacer diferente la próxima vez?
6. Evita los excesos de halagos esto hace que dejen de hacer las cosas solo porque les gusta, convirtiéndolas en algo para "complacer a mama o papa". Sustituyendo el placer por el miedo: "¿y ahora, sino lo vuelvo a hacer bien?"
7. ¡No lo etiquetes! Si le dices "que es un vago" o "que es estúpido", él te lo creerá porque se lo dices tú. y esto dañara su autoestima. Corrige el comportamiento inadecuado, no toques su esencia.

Kirssy Lorenzo

# QUE DIVERSION PROVEER A TUS HIJOS AHORA EN VACACIONES SEGÚN SUS PERSONALIDADES

Junio 2013, Revista Pandora

Basados en el eneagrama, que dice que toda persona encaja en una de 9 personalidades, las mismas son catalogadas según características especiales y diferenciadoras. Así cada niño, según su personalidad tendrá una manera particular de ver el mundo, de percibir los estímulos de su entorno y con ello descubrir y elegir las fuentes que le proveerán alegría, diversión y emoción. Aquí le compartimos según cada personalidad que tipo de entretenimiento atrae más a cada una:

El perfeccionista 1: A este niño le gusta las cosas bien hechas. Es crítico de sí mismo y de los demás. Le divierte los juegos que signifiquen hacer las cosas bien y muchas veces prefiere trabajar solo, porque los demás no siguen sus reglas. Juegos que le atraerán son los ROMPECABEZAS, JUEGOS DE BLOQUE, JUGUETES QUE COLABOREN CON LIMPIEZA Y ORDEN.

EL altruista 2: Este niño tiene una tendencia a poner a los demás primero, por lo que se siente feliz de cuidar, atender y servir a otros. Juegos que le podrán atraer son: JUEGOS DE DOCTOR, JUEGOS DE COCINA, MANUALIDADES QUE PUEDAN REGALAR.

El realizador 3: Este niño que ha ajustado sus acciones a llenar las expectativas de los demás, podrá verse envuelto en actividades que piense que tendrá contento a sus padres o a las figuras de influencia para él. Si uno de los padres ha valorado y elogiado su belleza, se enfocará en MAQUILLAJE, TOMARSE FOTOS CON EL CELULAR, TRAJES DE PRINCESAS, JUGUETES PARA PEINAR, ESPEJOS Y ARTEFACTOS DE BELLEZA. Si ha sido elogiado por su intelecto, se identificará con CUENTOS Y LIBROS que enriquezca eso que identifica lo hará lograr la valoración de los demás.

El romántico 4: este niño tiende a sentirse incomprendido por su familia. A sentir que no encaja, que él es diferente, por lo que suele ir contra la corriente. Este niño se ve asimismo con talentos especiales que tratara de demostrar en su forma de vestir, peinarse, actuar. Podrá sentirse atraído por LAS MASCOTAS NECESITADAS, por lo que podrá querer recoger todo el perrito/gatito abandonado. Le gustara lo poco común. JUEGOS DE MAGIA, MANUALIDADES POCO COMUNES, PINTURA O ESCULTURA, entre otros.,

El intelectual 5: es un niño que le gusta estar solo alimentando su curiosidad e imaginación. Es un niño que le gusta aprender, leer, investigar. Le podrá atraer ROMPECABEZAS, ENCICLOPEDIAS, MICROSCOPIOS, TELESCOPIOS, JUEGOS DE EXPERIMENTOS, EL INTERNET, LIBROS, MUSICA, entre otros.

El leal 6: es un niño que le gusta jugar en equipo. Le encantaran los JUEGOS DE MESA, BASKETBALL, BEISBOL, FUTBOL, entre otros.

El entusiasta 7: de todos es el que más buscara la diversión. Odia estar aburrido, por lo que inventara con cualquier cosa que encuentre en la casa, volviéndose algunas veces algo peligroso. A este niño le encanta la AVENTURA, VIAJES EN EXCURSIONES, IR A LA PLAYA, CORRER, ALBOROTAR. Le gustan tantas cosas que se dispersa fácil, y en un momento está jugando con algo y en otro ya no le interesa. Puede verse atraído por PINTAR, INSTRUMENTOS MUSICALES, VIDEOJUEGOS, entre otros.

El jefe 8: es un niño que le gusta dirigir, inclusive hasta a los padres. Por lo tanto, le gustara los juegos en equipo, pero donde él sea la cabeza. Juegos como EL LADRON Y EL POLICIA, LA CASITA, LA FAMILIA, LA TARDE DE TE… siempre y cuando él mande serán buenos.

El diplomático 9: es un niño con predisposición a ceder y estar predispuesto a dejar para después las cosas. Pueden participar en el juego que el más fuerte imponga, pues evita pelear. Aunque dentro lo recienta porque él quería jugar a "tal otra cosa". Le gustara ver TV, VIDEOJUEGOS, ESCUCHAR MUSICA, algo que lo mantenga tranquilo sin mucho alboroto.

EL eneagrama es una excelente herramienta para conocer mejor a nuestros hijos y apoyarlos de manera más sana, segura y atractiva para ellos. También nos permite identificar aquellas debilidades de su personalidad que más adelante, en la adultez, los pueda poner en problemas. Investiga más y descubrirás una herramienta muy poderosa. ¿Que futuro quieres para tus hijos?

¡Trabaja hoy!


Kirssy Lorenzo

# RELACIÓN DE PAREJA

1. Consejos para los hombres que quieren casarse. Noviembre 2015, Revista Miranda
2. Mito vs. Realidad: sobre el amor. Marzo 2015, Infocarol
3. Como hacer que tu pareja se sienta completa y plenamente amada. Marzo 2015 Revista Miranda
4. ¿Por qué hay parejas que perduran? Febrero 2014, Nuestros Hijos
5. Coaching para parejas ¿Qué es? Periódico El Caribe, Feb15
6. ¿Funciona el coaching también en el amor? febrero 2015, El Caribe
7. Las reglas de la abuela para las citas actuales. Febrero 2015 Revista Pandora
8. ¿Por que los hombres inteligentes se casan con mujeres inteligentes Revista Mujer Única, Jul 2014?

# CONSEJOS PARA LOS HOMBRES QUE QUIEREN CASARSE

Noviembre 2015, Revista Mirada

*Desde el 2007, estoy apoyando a que las mujeres logren el amor que merecen. Muchas veces me preguntan que por qué no escribo para hombres, les digo que soy mujer. Y me rio.*

Aunque un gran porcentaje de mis clientes son mujeres, he trabajado el tema con los pocos hombres que se atreven a buscar asesoría en materias del amor, no porque sean pocos los que la necesitan, sino porque dentro de las desventajas de pertenecer a una sociedad machista una de las cosas que perjudican a los propios hombres, es creer que tienen que tener respuestas para todo y que tienen que haber nacido amantes dotados de grandes destrezas y expertos en conquistar todo tipo de mujer.

La realidad es que ni hombres ni mujeres, no importa nuestro país de origen ni nuestra edad, en materia del amor, podemos decir que dominamos la materia. Primero porque ni siquiera fue una materia. A mí por lo menos, no me entregaron manual y muchos hemos aprendido a prueba y error.

Que le sugiero a los caballeros:

- ✓ **ENTRA EN ACCION:** una de las principales limitaciones que tienen mis clientes cuando me hablan de que quieren volver a tener una relación, es que, en verdad, en su accionar, sus actos no indican que estén haciendo algo para conocer a alguien. Y esto no es casual.

  Nuestro cerebro, trata de evitarnos las situaciones que no nos resultan agradables por experiencias pasadas o suposiciones que hagamos del futuro. Así frente al posible riesgo de entrar en un nuevo proceso de conocer a alguien, si a esta experiencia tenemos asociado más dolor que placer, este buscara las circunstancias y las excusas para evitarnos ese dolor. Solo cambiará la percepción de dolor cuando te sientes y analices (preferiblemente por escrito) todo de lo que te estás perdiendo por no tener esa relación deseada. Cuando tu cerebro haga este análisis verás que es más el placer que el dolor y comenzarás a verte a ti mismo en mejor actitud para conocer a esa persona.

- ✓ **CONOCETE A TI MISMO**: fundamental. ¿Por qué siempre termino con la mujer equivocada? ¿Por qué esa persona no me llena? ¿Por qué es tan materialista? ¿Soy yo quien le interesa o lo que yo represento en su vida?, Son algunas de las preguntas que se hacen mis clientes masculinos.

"Tus ritos diarios son los que dicen si realmente estás haciendo lo necesario para lograr lo que más quieres"

Pues nada, absolutamente nada es casual. Este tipo de mujer no te tocó por mala suerte. Te tocó porque la elegiste aún te daba señales respecto a esto que hoy te molesta. Señales que no supiste leer porque estabas enamorado.

¿Cómo lo evitas en el futuro? Entendiendo que tenemos perfiles de personas que nos atraen, estos perfiles vienen dados por las mujeres en tu vida. ¿Cómo eran esas mujeres que estuvieron presentes en tus años de formación? ¿Cómo te trataban? ¿Qué tenías que hacer para lograr su atención?, porque esas formas de conectar con ellas se volvieron patrones de conducta. Patrones que, si te funcionaron, hoy sigues utilizándolos y te llevan a atraer a un tipo específico de mujer. En un tú a tú contigo mismo, pregúntate: ¿es esta la mujer que me va a hacer feliz? ¿Con alguien así quiero pasar 10-20-30-40 años más? Y si no, entonces comienza a definir esa mujer que realmente una persona como tú necesita.

✓ **CONSTRUYE TU LISTA**: ¿cómo será esa persona con la que quiero estar el resto de mi vida? No te límites al aspecto físico. Mientras más específico más probabilidades de éxito tendrás. Muchos matrimonios fracasan porque conocen y se sienten atraídos por personas con las cuales más adelante descubrirán que tiempo poco en común. Porque tu nivel de energía es alto y el de ella no. Porque eres ambicioso y ella es conformista. Porque adoras tener variedad, salir a lugares, viajar y tu pareja es completa y totalmente pasiva, o viceversa para cada caso.

Identificar cuestiones que parecen superfluas pero que hacen el día a día de una relación, de algo sencillo toda una vida tortuosa, puede ahorrar a ambos elementos de una relación, decisiones que se han tomado sin suficiente información.

Una vez realices tú lista atente a ella. A mis clientes masculinos les gusta dejarse llevar por lo que ven, luego prueban y quieren salir corriendo. ¡Atente a tu lista y serás feliz! ¡Ojo! No pidas algo que no puedas dar, porque tarde o temprano pagarás un precio por lo que en un momento resulta una ventaja para ti, pero con el tiempo se vuelve tu suplicio.

✓ **CONTROLA AL INTERNET: QUE EL NO TE CONTROLE A TI:** ¡el internet es una de las fuentes más utilizadas para conseguir pareja, pero ojo! hoy somos adictos a muchas cosas que nuestros abuelos no lo fueron y cada día hay más persona adicta a buscar (solo buscar) parejas en internet.

Tenemos una amplia gama de parejas disponibles en un negocio de más de 2.4 billones de dólares anuales y a pesar de todo seguimos solos!!!

**25% de las personas que han buscado pareja en internet se han casado o tienen relaciones estables**

¿Por qué? Porque todo en exceso cansa y el internet puede fácilmente convertirse en tu enemigo. Dedicarse a mirar chicas como un catálogo y a descartarlas por cualquier cosa, porque sabes que tienes muchas alternativas, es adictivo y te da una falsa sensación de poder y control que al final solo te consume mucha energía, te golpea la autoestima cuando la que por fin te gusta te rechaza y al final, pierdes tiempo, emociones y sigues solo.

✓ **LAS MUJERES COMPRAN LO QUE VENDES**: cuando comiences a salir, toma en cuenta esta frase. Si para impresionar a la chica le hablas de lo bien que te va en el negocio, de todo lo que ganas y de todas las cosas chulas que has logrado, es muy probable que si es alguien materialista vea en ti todos sus sueños de abundancia y gustos caros convertirse en realidad. Si no quieres que eso ocurra, no hables de lo que tienes, habla de ti. Si alguien tiene que entrar en tu vida es alguien que le guste tu esencia. Si le gusta tu esencia le gustará lo que has logrado o vayas a lograr.  Debe comprarte a ti, debe conectar contigo, para que sea lo que permita que esa relación sobreviva 1-5-10-20 años en el tiempo.

Muchos matrimonios fracasan, porque la gente se enamora de lo que "quiere que el otro sea" o de los fabulosos resultados que el otro está dando en su vida. Cuando estos resultados por cualquier razón cambian, entonces ya esa persona se vuelve desagradable, indeseable, poco atractiva, y es cuando te rompen el corazón.

✓ **FLUYE:** si probaste y no lograste lo que esperabas sigue caminando que como dice el viejo adagio "más adelante hay gente". cuando las cosas no son como queremos nos encerramos, sufrimos y no queremos dejar escapar el dolor. Pero no tiene que ser así.
¿Acaso no superaste un desamor del pasado que en su momento creías que no podrías sobrevivir? ¿Por qué ahora tiene que ser diferente? ¿Qué perdiste que no puedas recuperar? ¿Qué significado le diste a esa relación o a esa persona, que más allá de esta ganárselo, tú fuiste quien se lo dio, más por ti o por tus expectativas que porque esa persona lo ganara, lo quisiera o lo valorara? Desenredar, aclarar más.
Solo tenemos una vida para vivir. Porque elegir llenarla de dolor cuando podemos elegir llenarla de alegría. El paso de una emoción a la otra radica simplemente en una decisión. Una decisión que puedes tomar hoy, mañana o en un año. Pero es solo una. Que, aunque nos torturamos en pensar que es cuestión de tiempo, realmente es cuestión de una decisión.
¿Qué te enseñó esa relación? ¿De qué se trató todo esto? ¿Qué tienes para agradecer de esa experiencia? ¿Qué tienes que agradecer a esa persona?

Fluye, que lo que no fluye se estanca y la vida es muy corta para empequeñecerla.

Kirssy Lorenzo

# MITO VS REALIDAD: SOBRE EL AMOR

Marzo 2015, Revista Infocarol

## MITO #1: UNA VEZ NOS CASEMOS "ÉL/ELLA CAMBIARÁ"

Con esa idea entramos a un matrimonio que se convertirá en una relación tortuosa para uno o para ambos. El cambio verdadero viene de adentro y solo lo logra el que lo quiere porque él ve un beneficio para sí en cambiar. Una clienta me comentó su frustración respecto a esto y me lanzó una lista bastante larga de los defectos de su pareja. Cuando le pregunte si ella se lo hacía saber muy orgullosa me dijo que sí. Hicimos un ejercicio muy educativo. Tomamos una silla vacía y simbólicamente la senté a ella allí, y en la silla donde ella realmente estaba ella jugaría el rol de su pareja. Le pregunté: "¿Cómo te sientes ahora que tu pareja, aquí enfrente, te esté diciendo que "eres esto, y aquello y todo lo demás? ¿Esa es una buena forma de motivarte?" no pudo resistirse llorar y llamar desde mi oficina a su marido para pedirle perdón por todas las cosas que le había dicho. Su pareja en la otra línea comenzó a llorar (¡lo cual la puso a ella a llorar más!), él le dio las gracias por reconocer esto y el clima en el hogar (sin el haber cambiado nada aun) mejoró radicalmente.

## MITO #2: "LA PASIÓN SE ACABA DESPUÉS QUE TE CASAS"

Esto fuera posible si al casarse los sentidos se anularan y las sensaciones se perdieran.

Experimentamos la vida desde nuestros 5 sentidos. Está demostrado que cada persona tiene un sentido preferido, por el cual percibe el mundo con más intensidad.
Cuando estamos enamorados, amamos al otro con todos los sentidos. Le decimos cosas bonitas (auditivo), le tocamos de una manera especial (cenestésico), hacemos regalos (visual). El amor entra por todos lados.

Cuando entramos en la rutina de la relación y dejamos de esforzarnos, amaremos a nuestra pareja como quisiéramos que nos amaran a nosotros, usando nuestro sentido preferido. Si el de mi pareja es diferente, es probable que no se sienta amado como quisiera.

Es por ello por lo que escuchamos "Ya tu no me quieres porque no me dices que me amas", "El solo me quiere para el sexo", "Ella no me ama porque no quiere tener relaciones conmigo",

A través de la observación, puedes descubrir cómo tu pareja necesita ser amada. Una forma fácil de averiguarlo es que se lo preguntes: "¿Qué tiene que suceder, para que te sientas completamente amado (a)? ¿De qué manera necesitas que te toque? ¿Que necesitas escuchar? ¿De qué forma? ¿Susurrado? ¿Alto? ¿Lento? ¿Qué tienes que ver?" Te aseguro que, si te atreves a preguntar y tú por tú parte compartes lo tuyo con tu pareja, puedes irte preparando para un renacer de la pasión en tu relación.

Kirssy Lorenzo

# ¿COMO HACER QUE TU PAREJA SE SIENTA COMPLETA Y PLENAMENTE AMADA?

## *ESTRATEGIAS PARA EL AMOR*

Marzo 2015, Revista Miranda

Experimentamos la vida a través de nuestros cinco sentidos. Estos recogen la información del exterior y una vez interiorizada, le damos un significado que generará una acción por parte de nosotros.

Desde la perspectiva de la PNL* se ha identificado que todas las personas tenemos un sentido por el cual percibimos con mayor intensidad, un favorito. A2 esto le llamamos sistema representacional.

## *¿QUE OCURRE CUANDO ESTAMOS ENAMORADOS?*

Cuando nos enamoramos nos envolvemos completamente en el proceso y queremos al otro con todos los sentidos: les decimos cosas bonitas, le hacemos regalos, le tocamos de una forma especial.

Cuando caemos en la rutina, porque ya lo damos todo por seguro o porque otras áreas están demandando nuestra energía y atención, nos sentimos cómodos y amamos al otro, como nos resulta más natural: por nuestro sistema representacional predilecto. Por lo cual surgen los problemas si el sistema representacional de mi pareja no es el mismo que el mío.

¿Has escuchado alguna vez la frase: "¡Tu no me amas, nunca me lo dices!", "el solo me quiere para el sexo", "deja de manosearme, tu solo piensan en eso", "ya tu no me quieres, no me traes flores"? Estos son solo algunos ejemplos de manifestaciones de inconformidad cuando la persona no está siendo amada, en su sistema preferencial predilecto".

---

**LOS SISTEMAS REPRESENTACIONALES**

✓ **VISUAL** (vista): Entienden el mundo a través de los ojos.

De movimientos rápidos, delgados y nerviosos, ojos grandes y expresivos, voz aguda y fuerte, señalan todo el tiempo, Respiran rápido, bien presentados y combinados, organizados, ordenados y pulcros.

✓ **AUDITIVO** (oído): Escuchan todo el tiempo.

Sedentarios, cerebrales, buscan las palabras apropiadas, dicen cómo les suenan las cosas, organizan las ideas con lógica, voz armoniosa y bien modulada, muy sensibles a los ruidos, Se fijan en la música, tonos y ritmos, Aprenden escuchando y hablando, Conservadores y elegantes, Complexión normal y respiración media

✓ **CINESTESICO** (tacto, gusto y olfato): Sienten todo el tiempo.

Sensibles, expresivos e impulsivos, les importa mucho la comodidad y comer sabroso, todo el tiempo hacen cosas, de respiración profunda y complexión robusta, Aprenden moviéndose y sintiendo, Necesitan que los toquen como señal de aprobación y afecto. De voz grave y lenta.

## ESTRATEGIAS PARA EL AMOR

Descubrir las estrategias de tu pareja e inclusive las propias, para sentirse plenamente amado, será la clave para llevar tu relación a otro nivel.

Para detectar estas estrategias es fundamental comprender que tu pareja será quien te lo diga. Lo hará con sus palabras, con el uso que hace de su propio cuerpo e incluso con los movimientos de los ojos. Puedes aprender a leerlo (a) tan claramente cómo se lee un libro. La estrategia de amor de tu pareja simplemente será una serie de representaciones (visuales y/o auditivas y/o cenestésicas) que ejecutadas de una forma y en un orden producirán un resultado.  En este caso, el de sentirse plenamente amada(o).

¿Qué debe pasar para que tu pareja se sienta plenamente amada? ¿Basta con que le susurres una palabra especifica en un cierto tono? ¿O con solo un contacto? ¿O será suficiente con que la mires de cierta manera? ¿O necesita que pase todo esto?

Ya sea que decidas descubrirlo haciéndolo o preguntándolo, la persona debe encontrarse viviendo la emoción, para que puedas obtener la información que necesitas. ¿Cómo logras esto?  La manera y el momento en que hagamos las preguntas, nos ayudará a conseguirlo. Dile algo así: "¿Recuerdas alguna ocasión en el pasado donde te sintieras plenamente amada(o)? ¿Recuerdas exactamente cuándo fue?
¿Dónde estabas? ¿Qué vestías? Vive de nuevo ese momento. Trae aquí estas emociones, y vuélvelas a vivir, ahora.  Vuelve allá y siente de nuevo, lo que sentiste aquella vez.  Tu trabajo será Observarle para darte cuenta si conectó con el momento.



¿Qué tiene que pasar? ¿Es necesario que te digan una palabra específica? ¿Qué te hagan muestras visibles de amor? ¿Flores? ¿Chocolates? ¿Regalos? ¿Necesitas que te toquen de una forma especial? ¿Qué te miren de una manera específica? Toma nota.  En algunos casos necesitaras más detalles, como el lugar específico donde tocar, la palabra específica que le mueve, el tipo de regalo, etc.,

Una vez recopiles toda la información, ya sabes lo que debes hacer, en el orden adecuado, para que tu pareja se sienta, contigo, plenamente amado y viceversa.

Los sistemas representacionales no solo nos afectan en la relación de pareja, nos afectan en todos los aspectos de la vida. En nuestras relaciones comerciales, personales, inclusive en los años de formación en la escuela, es un conocimiento muy poderoso.

*PNL = programación neurolingüística*

# ¿POR QUE HAY PAREJAS QUE PERDURAN?

Mayo 2014, Revista Nuestros Hijos

La televisión, el cine y la literatura, además de hacernos pasar un buen rato, ayudan a tener una idea algo tergiversada de lo que en realidad es el amor. Creemos que, si no es loco, apasionado, rápido, intenso, excepcional, entonces no es amor o que no vale la pena.

La realidad es, que las relaciones se basan en necesidades humanas, que la pareja busca satisfacer al unirse. Necesidades inconscientes, basadas en la manera en que, a lo largo de nuestra vida, aprendimos a ser amados por las personas importantes en ella.

Estas necesidades son seis, y no importa la edad, país de origen o idioma, todos los seres humanos las experimentamos, aunque cada uno, en diferente medida.

Brevemente les comparto estas 6 necesidades y cómo la manera que usemos para satisfacerla, puede afectar a la relación de pareja:

Variedad: se refiere a como hago que mis días, sean diferentes. A que hago para que mi vida no sea predecible y aburrida. En una relación, cuando la necesidad de variedad no está siendo satisfecha, uno o ambos miembros podrían ver en la infidelidad una opción.

Seguridad: es la necesidad de sentirnos seguros, física, económica o emocionalmente. Algunas personas pueden recurrir al alcohol como recurso para sentirse más seguros, y desinhibidos. ¿Pero cuáles son las repercusiones de esta elección? ¿Que precios luego se pagan cuando se crea una dependencia?

Significado: es la necesidad de sentirnos especiales, únicos, fuera del montón. Algunas personas a través de sus trabajos, de adquirir títulos, otros con la violencia. ¿Qué resultados generan la violencia? ¿Que modelos tienen nuestros hijos para aprender y repetir?

Conexión: es la manera en que damos y recibimos amor. Si a una persona la criaron con pocas manifestaciones físicas o verbales de afecto, y su pareja es muy expresiva. ¿De que maneras positivas o negativas el más expresivo podría estar compensando, el no recibir, lo que él está dispuesto a dar?

Crecimiento: Refiere al crecimiento profesional, económico, intelectual, espiritual y emocional. ¿Que pasa en una relación donde una persona tiene una fuerte necesidad de crecimiento y su pareja no?

Contribución: refiere a que hacemos para dar, para ayudar a los demás.

Si estas satisfaciendo tus necesidades básicas, en una manera que tarde o temprano podría llevar tu relación al caos, el poder de cambiar está en tus manos. Todos los seres humanos tenemos el maravilloso poder de decidir. El poder de decidir que no cometerás los mismos errores que otros, el poder de elegir la calidad de relación que quieres, el poder de decidir crecer en pareja, el poder de cambiar patrones de conducta que te hacen daño, a ti, a tu pareja, a tu familia. Esa decisión no la puede tomar nadie por ti.

Esta son las clases de decisiones que hacen que una relación perdure. ¿Ahora, que decidirás tú?

Kirssy Lorenzo

# COACHING DE PAREJAS ¿QUE ES?

Febrero 2014, Periódico el Caribe

## *¿DE QUÉ SE TRATA?*

Cuando nuestras relaciones no son satisfactorias, se vuelven tortuosas, se ve como posibilidad el terminar o ya no son felices uno al lado del otro, es hora de buscar ayuda.

A través de un proceso de coaching, la pareja puede tener la guía y el acompañamiento para llevar su relación a otro nivel.  Una relación es responsabilidad de dos, y a veces necesitamos reinventarnos para poder seguir en la relación.

El coaching puede ayudarnos a superar nuestros temas irresueltos, que hemos traído a la relación y nos permite alcanzar versiones mejores de cada uno, para lograr la realización esperada.

## *¿CUÁL ES EL PROCESO?*

Se parte de un compromiso de ambas partes de participar de forma activa en el proceso. Este proceso consta de un numero x de sesiones donde de forma conjunta y por separado se definirán los objetivos (visión) de cada uno y los de la relación.

La meta es descubrir: qué les impide ser felices juntos, cuáles son las formas de satisfacer las necesidades básicas de cada miembro y cómo esto impacta en la relación, cómo llenar las necesidades más importantes de cada miembro y cómo superar los conflictos y las diferencias con las cuales se ha de vivir antes y después de este proceso.

A través de herramientas de coaching y programación neurolingüística se les reeduca en la comunicación efectiva, en el manejo de conflictos, en el autoconocimiento y control de emociones. Se les guía para descubrir lo que necesita el otro para sentirse amado y viceversa, a cómo superar experiencias del pasado de la relación y seguir adelante y a cómo superar los patrones heredados de las familias de origen que suelen impactar en la relación.

Es una experiencia enriquecedora en varios aspectos, ya que no solo mejora la relación de pareja, sino que también impacta en las relaciones con otras personas. Un proceso de coaching de pareja hasta en una relación sin problemas, es muy empoderador.

## *¿QUIÉN PUEDE SER COACH DE PAREJA?*

Un coach entrenado, que disponga de las herramientas de coaching, y que tenga entrenamiento y/o experiencia aplicándolas a la relación de pareja

# ¿FUNCIONA EL COACHING TAMBIEN EN EL AMOR?

Febrero 2015, Revista Mujer Única

El coaching es una carrera relativamente nueva en República Dominicana, pero en otros países como Estados Unidos y Europa, tiene más de 40 años. Sus principios datan de la antigua Grecia, donde Sócrates a través del método mayéutica fundamentado en preguntas, lograba hacer relucir el conocimiento de sus discípulos.

A mediados de los años 70´s un coach deportivo llamado Timothy Gallwey, desarrolló una serie de libros para ayudar a superar bloqueos y obtener un mayor rendimiento de los deportistas, este conocimiento se aplicó a las empresas inglesas y de ahí surgió el Coaching Empresarial. Más adelante Thomas J. Leonard, adaptó el modelo fusionando varios conceptos y llevando a la gente a alcanzar más y mejores metas.

El coaching se ha llevado del deporte a los negocios, a la vida y ahora al amor.

## ¿QUE ES EL DATING COACHING?

O coaching de citas, es el asesoramiento para tener éxito en la tarea de conseguir una relación que se base en el amor con fines a largo plazo.

## ¿COMO FUNCIONA?

Este es un acompañamiento donde el coach te sigue en el proceso de identificar las razones por las cuales las relaciones pasadas no han sido lo que esperabas. Te da herramientas para superar tus limitaciones. Te provee de tácticas para elevar tu autoestima y definir nuevas estrategias para lograr el amor de tu vida. Es un proceso probado de 6-8 sesiones, donde dependerá de lo comprometido que este el coachee con su meta, lograr los objetivos en el plazo pautado y ya probado con otros clientes no solo en el país sino también en Inglaterra, Alemania y Estados Unidos.

## ¿COMO SURGE?

Es una ramificación del Life Coaching, donde las personas buscan mejorar en diferentes áreas de su vida, específicamente una muy importante: las relaciones de pareja.

En dominicana, no conozco a nadie haciendo este tipo de Coaching. Yo inicié con mi propia experiencia personal donde me vi divorciada con 35 años y 4 niños y negada a quedarme sola, aunque las personas en torno a mí me lo recomendaron muchas veces. Cuando me decidí a buscar pareja, me encontré con muchas mujeres, maravillosas, inteligentes, preparadas pero escépticas respecto a creer que podrían volver a casarse, aunque anhelaban tener otra pareja. El conocerme a mí en mi firmeza les impacto y cuando me vieron volver a casarme, con alguien que me quería tal cual yo era y con todo lo que yo implicaba, entonces comenzaron a lloverme invitaciones a salir, amigas y amigas de mis amigas están casadas hoy por las lecciones que les di. Era algo que me causaba tanta satisfacción que en un momento de mi vida donde podía elegir cambiar de carrera, pues no afectaba mi seguridad económica, no dude en hacerme coach y certificarme. Aquí estoy, abierta a ayudar. Todos necesitamos conectar con alguien, está en nuestra genética, el amor es parte de nuestra química. ¿Por que ir contra la naturaleza si se siente tan bien amar y ser amado?

*¿A QUIEN VA DIRIGIDO?* A las personas que piensan que nunca se van a casar.

Divorciado(a) s o viudo(a) s que quieren tener una pareja, pero siente vergüenza porque creen que a su edad no tienen derecho de soñar con amar otra vez.

A las personas que tienen éxito en diversas áreas de su vida, menos en las relaciones.

A quien está cansado de tener relaciones tortuosas.

*¿CUAL ES EL OBJETIVO DE ESTE TIPO DE COACHING?*

Reducir las posibilidades de fracaso y riesgo para alcanzar una relación duradera. Identificando patrones y estrategias amorosas negativas para la persona.

Este proceso se basa en el análisis y busca que el coachee conozca, conquiste y se enamore de forma natural de alguien con quien tenga más posibilidades de ser feliz. Es un proceso basado en el amor.

*POSIBILIDADES DE ÉXITO* Hay personas que dejan que el miedo las domine más que su necesidad de amor. En estos casos no puedes obligar a nadie a que desee su felicidad. Pero cuando una persona se involucra se compromete con su proceso, el crecimiento personal que logra, la autoestima y la seguridad que adquieren salen entonces, conocen personas, eligen las que sienten que es el amor de su vida y están ya casadas.

*HISTORIAS DE ÉXITO* A la fecha hemos trabajado con 38 personas. Un 20% abandona el proceso porque no está listo para olvidar el pasado y darse la oportunidad de volver a comenzar. Es algo que uno no puede forzar. Tienen que estar listos. Del resto, todo el que ha culminado el proceso tiene una relación y el 40% ya están casados.

# LAS REGLAS DE LA ABUELA PARA LAS CITAS ACTUALES

Febrero 2015, Revista Pandora

**1.-NUNCA seas la primera en hablarle a un hombre ni le invites a bailar.** Si te acercas <u>tu</u> no sabrás si él está realmente interesado en ti. En esto no hay hombres tímidos, déjalo a él jugar el rol que le corresponde, el de cazador.

**2.-No aceptes ninguna cita para salir a último momento.** Dile que ya tienes otros planes, eres una persona con una vida antes de que él llegara. Que no piense que él lo es todo, porque eso le dará poder y lo usará.

**3.- Después de la cuarta cita.** Puedes mostrar algo más de ti, hablarle de lo que piensas, sin exagerar. No reveles mucho, óyelo, míralo a los ojos. Y que él hable. Sino por motus propio, entonces motívalo con preguntas, pero que él sea el tema central. Esto te permitirá saber si es lo que buscas y hará que se enamore más de ti.

**4.- Deja de salir con él si no te hace un regalo romántico el día de tu cumpleaños o el día de San Valentín.** No es lo que vale el regalo, sino la importancia que te da entre sus prioridades.

**5.- No aceptes más que uno o que otro beso ocasional en la primera cita.**

**6.- No te apresures a tener sexo.** Deberás haber cumplido un mínimo de 60 horas de conversación con él antes de acostarte. Recuerda que eres distinta a la gran mayoría.

**7- No trates de que un hombre cambie, ni intentes hacerle cambiar.** Si sientes que hay algo que no te va a gustar, no te quedes, deja eso. Por aburrimiento o por desesperación, podrías estar perdiéndote de conocer al indicado. Si pudiste conocerlo a él, oportunidades nuevas habrá para conocer a otro.

**8.- No te abras demasiado pronto.** No te apures en contarle tus secretos, ni le hables de tu pasado.

**9.-No te mudes con él ni dejes cosas personales en su apartamento.** Muchos hombres proponen matrimonio cuando la mujer no convive con él.

**10.-No salgas con un hombre casado.** Es desmoralizante. HAY DEMASIADOS HOMBRES (solteros, divorciados, divorciándose, viudos) ... El hombre es un ser de hábitos. No le gustan los cambios ni perder dinero, y una ex + hijos, significa dinero que el tendrá que producir y que no va a gozar. Prefieren vivir años y años en una situación con la que no están conformes a cambiar.

**11.- QUIERE SOLO AL QUE TE QUIERA**

Kirssy Lorenzo

# ¿POR QUE LOS HOMBRES INTELIGENTES SE CASAN CON MUJERES INTELIGENTES?

Julio 2014, Revista Mujer Única

### *Rompiendo el mito de que los hombres las prefieren brutas*

Era el caso de mi clienta Tamara. En sus treinta y picos, soltera, contaba con éxito profesional, el cual a la vez le generaba grandes beneficios económicos. Sin embargo, esto no impedía que cada nuevo cumpleaños la ansiedad, la presión social y una que otra tía anticuada, la hicieran pensar que se quedaría jamona, a pesar de verse bien y ser una persona muy agradable. Luego de un par de años de angustia Tamara conoció al hombre de sus sueños, un ejecutivo que le lleva unos 5 años y que profesionalmente estaba progresando. Con esto Tamara sale de la lista de un gran número de ejecutivas preocupadas por su futuro amoroso y por el mito de que el éxito de ellas intimida a los hombres. Para agravar el miedo, súmale el refrán que dice "que los hombres las prefieren brutas" y cunde el pánico ¿Por qué si las estadísticas evidencian otra cosa? Y es que para el hombre de hoy que la mujer gane más no es descalificativo para una relación.

La selección de *"la indicada"*, se basa en una serie de valores, compatibilidades y aspiraciones, que más que restar, la inteligencia y el éxito apoyan. El compartir la vida con alguien que además de que sería la esposa deseada, la madre de sus hijos y cómplice, se traduce en mejora en la calidad de vida de ambos y ampliación en las posibilidades para los hijos y el futuro en común.

---

**¿QUÈ ESTA OCURRIENDO?**

a) El que hoy la mujer este más preparada, y tenga otras aspiraciones diferentes a las de nuestras abuelas la hace tener menos prisa en casarse.

b) La masculinización que está experimentando la mujer en los últimos años certificado esto con la testosterona, que, aunque es una hormona conocida como masculina, está presente en ambos sexos. Hoy el nivel de responsabilidades y habilidades que maneja la mujer aumentan sus instintos de respuestas y de acción frente a situaciones difíciles, asociada esta respuesta a un incremento en la producción de testosterona, la cual también de paso genera aumento del vello en el cuerpo, agresividad social, mayor masa muscular, quistes en los ovarios, etc. Este comportamiento intimida no solo a hombres.

c) Muchas mujeres han encontrado en su trabajo, no solo una fuente de seguridad sino también una certificación de valía personal. No soy nadie si me quedo en la casa, pero sí me siento valiosa dirigiendo personas. Esta satisfacción puede convertirse en aditiva sino hay otra cosa en la vida que le confirme su valor, así el trabajo se convierte en la única fuente de seguridad, diversión y estimación, poniendo de un lado las otras áreas de la vida donde podría conocer a alguien para tener una relación.

La mujer que dice que su inteligencia y éxito intimida a los hombres, puede que encuentre en esto la excusa perfecta para no hacerse responsable de su parte en el fracaso sentimental. Una relación no se basa en la comparación de currículos.

*LOS HOMBRES QUIEREN MUJERES SIN COMPLEJO DE CENICIENTA*

Descrito por Colette Dowling este complejo refiere al personaje de Disney, comparándolo con la mujer de hoy que es autosuficiente pero insegura y dudosa de poder hacerla con su vida sola, por lo que está en la constante búsqueda de esa figura idealizada que la supere, en dinero, preparación, éxito y/o cosas materiales.

En mi trabajo como dating coach he descubierto en algunas de mis clientas una gran frustración en este tema.  Para reafirmar su seguridad y evitar sentirse rechazadas en sus primeros encuentros proyectan mucha seguridad y autonomía económica. Precisamente el hombre que valora esto es quien más atraído se siente hacia esta mujer y avanza en el cortejo. Cuando ellas se ven enfrentadas a un hombre que no tiene planes de asumir el rol de proveedor se desencantan, pelean, confrontan y terminan la relación. No se dan cuenta que es lo que están atrayendo con su actuación.

## CASOS REALES

A Michael, un cliente de 45 años, le resultaba muy difícil entender esto. Luego de muchas relaciones fallidas, emociones agotadas, dinero malgastado e hijos que mantener de diferentes relaciones, él no lograba entender por qué no conseguía lo que quería: Una mujer de 27-32 años, con éxito profesional, con una gran figura y sensualidad. Estas preguntas lo ayudaron a ubicarse: Si tú tienes tanto éxito, si estas tan bien económicamente, ¿A qué le temes? ¿O no te crees tal éxito? Si te involucras con alguien tan competitivo como tú, ¿tendrás lo que necesitas en una relación? ¿En serio, lo crees? ¿Crees que una mujer realizada de 30 años se sentirá "exitosa" con un hombre 15 años mayor que ella y que tiene que dedicar sus fines de semana y parte de sus ingresos a varios hijos? ¿Estás dispuesto a pagar el precio de hacerte el ciego a ciertas realidades? ¿Por qué esperas recibir más de lo que estás dispuesto a dar? El responderlas le abrió los ojos y pudo despertar de su fantasía egocéntrica y reajustar sus expectativas a otras más realistas, humanas y que realmente lo lleven a sentirse realizado y amado.

Encontrar a alguien que conecte contigo a un nivel donde tus y sus necesidades de amor, respeto, ternura, empatía, admiración, amistad y sexo sean llenadas, es la meta de una relación sana, real y a largo plazo.  Esto no te lo garantizará ningún éxito profesional, posición económica, ni un anillo de compromiso en diamantes.

Kirssy Lorenzo

# CONSEGUIR PAREJA

1. Siete cosas que no te enseñaron en la escuela del amor. Abril 2015, Revista Pandora
2. ¿Tienes miedo a quedarte sola? noviembre 2015, Revista Mujer única
3. ¿Otra vez sola en navidad? Diciembre 2015, El Caribe
4. ¿Cansada de salir con chicos malos? 2015 revista Pandora
5. ¡No paso un san Valentín más sola! Febrero 2015, Revista Estilos
6. Adiós al cortejo tradicional, bienvenido al internet. Marzo 2014, Revista Mujer única
7. Ando buscando un amor. Diciembre 2014, Revista Miranda

# 7 COSAS DEL AMOR QUE NO TE ENSEÑARON EN LA ESCUELA DEL AMOR

*UNA PEQUEÑA PARTE SE CASA SIN SENTIR AMOR*

Abril 2017, Revista Pandora

Nos enseñan Matemáticas, Ciencias Sociales y hasta Química… ¿por qué será que no imparten manejo de las emociones o del amor? Al final, también son enseñanzas que vamos a necesitar en nuestro día a día. Si piensas que, en el amor, tus pretendientes o tu pareja hablan un idioma distinto, aquí siete puntos que te ayudarán a poner todo en perspectiva.

### 1- Hay cuatro formas de amor.

Están asociadas directamente a las estrategias que desarrollamos como niños para obtener el amor y la aprobación de aquel padre o cuidador que más esfuerzo significó: baby love, amor por intercambio, amor incondicional, amor de mártir.

### 2 -A descubrir sólo con mirarlo.

Si su amor es del tipo baby love, es más probable que quiera una "madre" que una pareja. ¿Cómo detectarlo? Pregúntate si la relación gira en torno a lo que él/ella quiere hacer siempre, o si nunca está dispuesto a hacer algo que no le gusta. Y si lo que hace por ti es para su beneficio personal.

### 3- Que se parecen más de lo que crees.

Aunque elijas parejas de apariencia diferente, de distintos países o profesiones, al final pertenecen al mismo eneatipo (en mi página kirssylorenzo.com puedes conocer los nueve tipos de pareja). Identificándolos por su conducta y aspectos innegables, podrás, sin siquiera darte un beso, reconocerlo para huir a tiempo, en caso de que su personalidad no sea conveniente para ti.

### 4- Que no todo el mundo es para todo el mundo.

A menos que ambos estén comprometidos con que la relación funcione y busquen ayuda (más allá de las palabras y la buena intención), existen personalidades que no son compatibles unas con otras, donde la vida juntos simplemente es tortuosa. Que uno de los dos lo sepa y se lo diga al otro no es suficiente.

**5- Superar una infidelidad es más difícil.** Y no por el acto, sino por tu cerebro. Cuando tu pareja te ha sido infiel y decidiste dejarlo pasar y continuar, y ves que pasa el tiempo y no logras volver a amar como antes, es hora de buscar ayuda porque hay algo que no sabes y que tienes que cambiar en tu cerebro. Nuestro sistema límbico está diseñado para asignar emociones a las experiencias como una forma de protegernos de aquellas que nos ponen en riesgo. Como aquel niño a quien mordió un perro y como adulto aún le teme a dicho animal, así tu cerebro te "protege" de esa persona que amas. Con programación neurolingüística tu relación puede superar ese bache y avanzar.

## 88%. DE ACUERDO CON UN ESTUDIO CONDUCIDO POR PEW RESEARCH CENTER EN EE. UU., EN 2013, ESTE ES EL PORCENTAJE DE PAREJAS QUE DECIDEN CASARSE POR AMOR.

### 6 -Que una separación dolía tanto.

Y no se trata de qué tan especial sea el otro, se trata nuevamente de tu cerebro, el cual hace que vivas una separación o rechazo de la misma manera en que un drogadicto se siente cuando pasa por la abstinencia a la cocaína, por ejemplo. Entender esto y otras técnicas clave, puede reducir radicalmente el periodo de dolor o duelo.

### 7- Que el desamor tiene un tiempo de caducidad.

Está comprobado científicamente que es de aproximadamente seis meses. Un mayor lapso viene influenciado por aquello que has estado haciendo en ese período y la cadena de efectos de dichas acciones.

Kirssy Lorenzo

# ¿TIENES MIEDO A QUEDARTE SOLA?

*PRINCIPALES RAZONES DE ESTE MIEDO*

Diciembre 2015, Mujer Única

¿Por qué tantas personas tienen tal miedo a la soledad, que incluso las hace aceptar relaciones de abuso o maltrato?

La persona que tiene temor a estar sola no confía en sus capacidades personales para salir adelante. Muchas veces, este temor viene desde la infancia, cuando se configura la personalidad y las necesidades del niño no fueron satisfechas.

En muchos casos este miedo está influenciado por el elemento social y el estigma del porque se está soltero. La angustia que genera el no tener una pareja, provoca hasta para aquel en una relación insatisfactoria, la idea de que es mejor que no tener nada.

Lo interesante es saber que no solo las mujeres padecemos de este miedo, ya que estudios recientes dicen que los hombres lo padecen más que la mujer, por el hecho de carecer del apoyo social que suele tener la mujer.

## ESTADISTICAS

**Un estudio publicado en The Journal a Personajito and Social Psychology reveló que por no estar sola la gente es capaz de hacer cualquier cosa. Como conformarse con parejas mucho menos deseables de las que deberían tener, tolerar conductas que de otra forma no tolerarían, permanecer en relaciones dañinas porque dicen que es mejor tener a alguien que a nadie o darle prioridad a estar en una relación por encima de la calidad de la relación.**

*PRINCIPALES RAZONES DE ESTE MIEDO*

- Miedo a no tener una familia propia

- A no procrear

- A los perjuicios sociales de seguir soltero(a)

- Quedarse a vestir santos

- Percepción de valía personal si nadie te quiere

- Miedo a pasar la vejez solo

- Superar el pasado abrirnos al perdón, es el primer paso para dejar el pasado atrás y poder avanzar. Perdonar no es liberar al otro de sus errores y faltas. Es liberarte a ti de las emociones que te corroen por dentro.

- Aumentar tu autoestima nos enganchamos en ciertas relaciones porque nos hacemos dependientes a ellas, porque creemos que no valemos si alguien no nos necesita o no nos lo dice. Pero si miras a tu alrededor, fíjate en esa chica tan segura de sí, que no está buscando la aprobación de nadie. Esta sobreviviendo, está bien. Si ella puede, ¿porque tu no?

- Creencias limitantes respecto a la soledad. Las creencias son la base de lo que hacemos. Pero muchas de las cosas en las que creemos, creemos porque alguien importante en nuestras vidas creyó primero y nos lo repitió o con el ejemplo nos lo "enseño". Pero no tiene que ser así, si esa creencia más que ayudarte a estar bien, te está haciendo infeliz. Cambiar lo que crees no es complicado, comienza cuestionándolo y en una conversación contigo misma, a cada definición que asignes, añade: ¿Por qué?, para que te des cuenta de que lo que parece real y contundente podría desmoronarse en tus ojos.

- Seguridad es una de las necesidades básicas del ser humano. Y se obtiene a través de cosas, personas, situaciones que nos garanticen que estamos a salvo, que nuestro mundo funcionara. Cuando para estar segura necesitas de "alguien" en tu vida, porque fue el modelo de mami, o de papi, o de una hermana, o de tu abuela, o de todas las personas a tu alrededor, entonces percibes que es imposible estar bien sin "esa" persona. Busca otros modelos.

- Sentirse sola y estar sola.

- Tu vida social crea nuevas amistades con quienes conectar que estén ahí cuando los necesites.

- Busca ayuda profesional si no puedes con esto sola.


Kirssy Lorenzo

# ¿OTRA VEZ SOLA EN NAVIDAD?

Diciembre 2015, Periódico El Caribe

Norys Sanchez

"Llegó Navidad y yo sin ti en esta soledad….." así reza el estribillo de una canción hecha famosa por el cantante azteca Marco Antonio Solís que se ha convertido en un himno para la temporada.

En esa pieza se hace un balance de todas las cosas que han sucedido durante el año, del cual algo se ha aprendido y algo se ha olvidado, menos el amor que se siente por esa persona que ya no está a nuestro lado y que tanto se echa de menos en esta época del año.

Muchas relaciones de pareja comienzan bien y luego se van deteriorando. Y esa conducta, en ocasiones, se hace repetitiva en algunas personas.  A veces nos preguntamos si es que no sabemos elegir, llegamos a pensar que tenemos mala suerte en las relaciones de pareja, o si es que no sabemos expresar nuestros sentimientos. Y es que algunas relaciones se tornan calamitosas cuando no llegan a conectarse o se exigen cosas que el otro no sabe o no puede darnos.

Cuando no, buscamos características de nuestros padres o abuelos en nuestra pareja.  Muchas veces desconocemos que para lograr plenitud en una relación es preciso conectar, que haya compatibilidad.

El amar no se enseña, se aprende con las vivencias que experimentamos. Un amor sano es el mejor garante para una relación duradera. Debemos

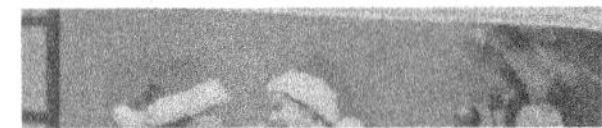

complementarnos con nuestra pareja y no depender de ella, la codependencia no es sana ni siquiera en nuestra relación con los hijos.

Para lograr que esta sea nuestra última Navidad en solitario, necesitamos conocer algunos aspectos que servirán de cimiento para que en un futuro nuestra próxima relación de pareja sea duradera. Para ello hemos abordado a Kirssy Lorenzo (kirssy.lorenzo@gmail.com) coach internacional certificada, experta en el tema.

### ¿Cómo lograr que una relación de pareja sea duradera?

Todos los seres humanos desde que nos levantamos estamos satisfaciendo necesidades básicas y llegamos a una relación con carencias en muchas de ellas, por eso es por lo que algunos salen corriendo cuando son ahogados por las de algunas parejas.

Es importante saber para qué quieres una relación. Muchos entran en ellas buscando todo, menos amor. Y la clave del éxito es la búsqueda de conexión (dar y recibir amor). Llegamos esperando recibir, y la llave para el amor duradero es dar.

### ¿Por qué hay personas que las relaciones

**de pareja no les duran más de dos o tres meses?**

Porque conectan con alguien inicialmente por la atracción física. No se dan el tiempo para conocer mejor a esa persona y descubrir si en verdad serán compatibles. Si se aspira a que las necesidades básicas humanas que cada ser humano tiene sean satisfechas por esa persona que acaba de conocer, cuando esas expectativas no se llenan, comienzan los reclamos, las manipulaciones, las peleas y la inminente ruptura.

### ¿Qué debemos hacer para no incurrir siempre en los mismos errores?

Debemos entender que solemos sentirnos atraídos por un perfil de persona que es una mezcla de las características de nuestros cuidadores primarios (padres, abuelos, tíos o hermanos) a quienes para amar desarrollamos estrategias.

Por ejemplo: una niña con un papá inaccesible para lograr su atención va a identificar qué valora su padre y tratará de obtener su atención con ello. Una vez adulta, estas estrategias se convierten en patrones cerebrales que usará hasta la muerte y que la llevarán a conectar con alguien a quien eso le funciona, resultando ser alguien con la personalidad del padre.

Descubrir el tipo de pareja que siempre has elegido y que no te funciona es la clave para comenzar a elegir mejor y garantizar el camino hacia una relación a largo plazo.

### ¿Es que nos fijamos en la persona equivocada?

No es que sea la equivocada, digamos que no hay compatibilidad. Y no quiere decir que no podamos ser felices con cualquier persona, el asunto es nuestra disposición y la del otro a negociar nuestras posiciones, a fin de lograr la plenitud en la relación.

### ¿Es cierto que se elige siempre lo opuesto a lo que somos?

No exactamente lo opuesto, sino más bien, es que esperamos algo de alguien que no quiere, no sabe o no puede darnos.

Es conocer a un conquistador, coqueto, simpático, popular entre las damas, promiscuo, y luego esperar que deje de serlo, para tu ser feliz. Pero ¿quién dice que él no es feliz con ese estilo de vida? Y no digo que sea correcto, él pagará el precio de vivir así, pero llegar a una relación con alguien que es de una manera y pretender que luego cambie, es muy ambicioso.

Es conocer a alguien sin ambición, que se siente bien siendo así; y luego criticarle, compararle, porque él podría ser más, tener más o hacerlo mejor. Él tal vez lo sepa, pero no quiere cambiar.

### ¿Tiene que ver la suerte en nuestras relaciones de pareja?

Para nada. La suerte ocurre cuando la preparación encuentra la oportunidad. Nadie nos enseñó sobre el amor. Ni en casa (inclusive muchos padres son terribles modelos en este tema) ni en el colegio, ni en la universidad. Aprendemos haciendo y con limitaciones. Creo que la información da poder y muchos tenemos información valiosa para compartir y ayudar a que las personas caminen a un amor sano que alimente una relación duradera.

### ¿Cómo debería ser el manejo entre dos

**personas para lograr que perdure la relación?**

Deben amarse de manera sana, donde prevalezca el respeto, la admiración, la amistad, la autosuficiencia, la compañía, el deseo, la empatía, la flexibilidad, la paciencia, el respeto, solidaridad, ternura y tolerancia. Buscar lo que significa cada palabra y entender qué falta en tu relación y porqué no está funcionando.

**¿Qué busca uno en el otro?**
Satisfacer sus necesidades básicas: conexión (amor), seguridad (supervivencia), variedad (diversión, novedad) significado (importancia).

**¿Existe alguna fórmula o secreto para hacer que una relación funcione?**

Compromiso, empatía, y las características antes mencionadas en el amor sano.

**¿Depender o complementarse? ¿Qué es lo más saludable?**
Complementarse. Pero la triste verdad es que muchas relaciones se basan en la co-dependencia, por eso se vuelven relaciones tortuosas.

*Consejo*
No dejes que el estrés se apodere de ti. Nada peor que pasar la Navidad enojados por algo que no tiene razón de ser.


Kirssy Lorenzo

# ¿CANSADA DE SALIR CON CHICOS MALOS?

Marzo 2015, Revista Pandora

Cuando Martha vino a mi oficina lo primero que me pidió fue: "quíteme el fucú que tengo para conseguirme hombres maaaalos".

Si todo este tiempo has pensado que es un asunto de suerte o pura casualidad, sigue leyendo para que descubras cuándo comenzaste a entrenarte para amar a este tipo de pareja.

Cuando nacemos no tenemos que hacer nada para ser amadas, ¿cierto? pero a medida que vamos creciendo y que ya no tenemos la misma atención, cariño y/o ternura que nos brindaban cuando bebes, interpretamos que tenemos que hacer algo, para volver a recuperar esa atención.  El entorno, las peticiones explicitas o no de los adultos, los propios modelos de amor de estos y el temperamento heredado, impactarán en las estrategias que desarrollemos para lograr y dar amor.

Hazte esta pregunta: ¿Que tenías que hacer para que papi y mami te brindaran su aprobación? ¿Su amor? ¿Tenías que ser una estudiante estrella? ¿La mejor en todo? ¿La más organizada y limpia? ¿La comprensiva? ¿La débil? ¿La enfermiza? ¿La fuerte? ¿La protectora? ¿Tenías que ser linda? ¿Coqueta?  ¿Tenías que ser "igual que tu"?

Las estrategias que desarrollaste como niña para ser amada, serán las mismas que usaras una vez comiences a enamorarte como adulta. Estas estrategias serán tus patrones de por vida para amar. Al menos, que las experiencias dolorosas y la conciencia de su inconveniencia te hagan elegir cambiarlos.

Esto conlleva a atraer un tipo de pareja predispuesta, por los propios patrones para amar, a estar con alguien como tú. En tu comportamiento y lenguaje, estas personas reciben mensajes como: "pide", "lo mereces todo", "no te preocupes, te entiendo muy bien, no tienes que dar nada si no quieres o si no puedes".  Estos oportunistas lo leen, y se aprovechan. Como dice la canción "A quien no le dan, que no coja".

La buena noticia es que estos patrones se pueden cambiar. Puesto que con lo único que naciste fue con el temperamento.

Todo lo demás, fue aprendido, y como se aprendió, también se puede desaprender.

En tu vida has atraído a diferentes tipos de hombres, pero has conectado con aquel que te ha permitido desplegar mejor tus estrategias para el amor.

Revisa de tus parejas pasadas: ¿que tenían todos en común? ¿Su seguridad en sí mismos? ¿Su fanfarroneo? ¿Su pulido aspecto físico? ¿Sus músculos? ¿Su encanto? ¿Su éxito? ¿Su fortuna? ¿Su nivel intelectual? O, por el contrario, ¿parecían necesitados? ¿Incompletos? ¿Incomprendidos? ¿Inseguros? ¿Insensibles? Siempre hay un patrón, tienes que detectarlo para que puedas desmontarlo.

A partir de ahora, ¿que vas a buscar? Haz una lista con las actitudes y características que deberá tener esa persona a quien le entregues tu amor. Alguien con el tiempo, el respeto, la pasión, los cuidados, la amistad, la empatía, la ternura que mereces. Alguien que merecerá en consecuencia, lo mismo. Esta lista debe estar a tu alcance cada vez que conozcas a alguien, para que desde

## MIS NUEVAS CREENCIAS PARA EL AMOR

Tu cerebro aprende por impacto o por repetición.  Si por un mes te repites nuevas creencias respecto al amor, 2 o 3 veces al día, estas creencias se implantarán y se convertirán en algo que creerás fielmente.

A veces para obtener resultados diferentes en la vida, tenemos que cambiar las cosas en las que creemos. Te comparto algunos ejemplos que te pueden servir:

"Yo soy un ser único y especial", "Yo merezco ser amada por quien soy, no por lo que doy", "No puedo dar lo que no tengo, por lo que para amar primero tengo que amarme a mí misma", "Yo tengo, lo que yo tolero".

que detectes que se parece al pasado, corras a 1000 km por hora y te alejas de allí.

Recuerda: "tienes lo que toleras", la diferencia entre todo lo que pasó y todo lo que pasará, es solo una decisión. ¡La decisión que puedes tomar tú, AHORA! Y esta decisión debes enfocarla en qué forma de amor a partir de ahora, Mereces.

# ¡NO PASO UN SAN VALENTIN MAS SOLA!

Febrero 2015, Revista Estilos

¿Pasaste San Valentín el 2014, solita? y vas por el mismo camino este 2015? Solo depende de ti, que el próximo año, no se repita. ¿Porque te has resignado a seguir sola? Cuando no somos capaces de movernos frente a una situación que nos afecta, es muy probable que estés asociando más dolor que placer al cambio. ¡Y esta actitud hoy la puedes cambiar, porque mereces darte una oportunidad!

## *COMO CAMBIAR LA ACTITUD FRENTE A VOLVER A INTENTARLO*

- ¿Que dolor asocias a volver a tener pareja o a casarte? Anota todas las cosas negativas que se te ocurren al respecto.
- ¿Lista ahora, de todo de lo que te estás perdiendo por no cambiar, por no tener pareja?
- Piensa y anota, todos los precios que has pagado y que vas a seguir pagando por no tenerla en 1, 3,5 años.
- Ahora, piensa y anota todo lo que tendrías si desde ya te decidieras a que quieres ya, alguien en tu vida. Como seria tu vida en 1, 3,5 años. ¿Qué harías con una pareja...no tengo que decírtelo, picara!, a donde irías? ¿Con quienes compartirías? ¿Cuánta alegría, plenitud, sensualidad tendrías?

Este ejercicio puede aportarte todo lo que necesitas para moverte y entrar en acción.

## *PLAN DE ACCION*

**1. ¿QUE ES EXACTAMENTE LO QUE QUIERES?** Debes estar clara en esta parte. ¿Que es lo más importante para ti a nivel de valores (emociones positivas que más te gustan experimentar) amistad, alegría, amor, paz, felicidad, compañerismo, complicidad, sexualidad, empatía? Tenlos claros, porque si una vez en una relación no las tienes, comienza la vocecita en tu cabeza a decirte "preocúpate, que algo anda mal". Y en ese momento, la relación se vuelve tormentosa y no la pasas bien.

Has una lista de qué quieres. Comportamiento, hábitos, físico, profesión, que se es para ti innegociable. Porque tener esto claro desde antes de involucrarte te va a permitir, no caer en la tentación de descubrirlo ya metida en el lio.

**2. SAL** No puedes esperar que el hombre de tus sueños llegue un día y toque a la puerta para preguntarte, si sigues soltera (a una conocida le paso, pero no creo que debamos arriesgarnos, ¿verdad?)

**3. ¡PLANEA Estamos hablando del hombre de tu vida, del padre (o padrastro) de tus hijos!** Haz tu lista de lo que deseas

Ropa y zapatos, nos toma tiempo elegirlos, Porque para una relación seria, vamos a aceptar lo primero que nos ofrezcan. ¡No!

Analiza a que lugares y en que horarios, un hombre como el que quieres va. Ahora que se acercan la fiesta de navidad, hay muchas excusas para encontrar gente nueva y no tan nueva en diversidad de alter nativas. Planea de 1 o 2 veces a la semana, estar en estos lugares.

**4. SE ALGUIEN CON QUIEN QUISIERAS CASARTE** A veces hacemos nuestra lista, de las cosas que queremos en un hombre y las cosas que no soportaríamos. Pero ¿si a solas, en un yo con yo, nos miráramos al espejo, serias capaz de preguntarte: ¿soportaría yo vivir, conmigo misma? ¿Cada día y cada noche de mi vida?

Revísate y haz los ajustes que tengas que hacer, no esperes de nadie, algo que no seas capaz de dar.

**5. TERMINA CON EL TENTE AHÍ** Haz lo correcto, para que puedas exigir que se haga lo mismo contigo.

**6. SE FELIZ** Antes de conocerlo, debes ser alguien con quien se quiera estar. Muchas mujeres estamos esperando que llegue un hombre a nuestras vidas, para que nos de vida. Pero el hombre sano que detecta esto, sale corriendo.

Una relación es la elección de una vida compartida, donde yo soy yo y soy valiosa antes de conocerte. Tú me complementas, no me completas (son 2 verbos distintos).

Prepárate y ponte linda: de adentro hacia fuera. Porque tu mereces tener a alguien en tu vida, que este loco por ti y que te haga sentir amada, cuidada, deseada, orgullosa y valiosa. Alguien que desde ti merezca admiración, entrega, cariño, lealtad y compromiso.

¡Créelo y veras como ocurre!

Kirssy Lorenzo

# ADIOS AL CORTEJO TRADICIONAL, BIENVENIDO AL INTERNET

*Marzo 2014, Revista Mujer Única*

Si ya te decidiste a que no quieres estar más tiempo sola o a que ya fue suficiente de llorar ese antiguo amor, pues quiero compartirte lo que he aprendido sobre buscar parejas en internet para que tu búsqueda sea exitosa.

Antes de inscribirte y exponerte en uno de los diversos sitios de citas, es bueno sentarse unos minutos y que aclares tu mente. ¿Que preguntas recomiendo que te hagas?

Una vez te sientas lista y clara. Entonces avanza al próximo paso que es inscribirte y crear tu perfil, considerando:

## *QUE TOMAR EN CUENTA A LA HORA DE BUSCAR PAREJA EN INTERNET*

### ANTES DE COMENZAR

✓ Estar clara que el pasado está cerrado y curado, para estar realmente abierta a una nueva relación, para dar y recibir en ella.

✓ Ser capaz de reconocer las características de mi(s) ex (s)con las cuales no deseo convivir mas, para identificarlas a tiempo en los nuevos pretendientes con quienes vas a interactuar.

✓ Qué tipo de hombre quiero: en el aspecto intelectual, físico, emocional, social y profesional.

✓ Que estoy dispuesta a compartir acerca de mi y mi historia.

✓ Que quiero y de eso que quiero, puedo darlo yo también?

Una foto reciente y una descripción corta y honesta Una foto actualizada de rostro que refleje tu personalidad, puede ser tu mejor carta de presentación. ¿Una que diga quién eres en realidad? ¿Alegre? ¿Simpática? ¿Seria? ¿Conservadora? ¿Preocupada? Que la persona que se acerque a ti, lo haga por quien realmente eres, la mayor parte del tiempo, no por lo que pueda asumir, de una foto en donde no estás siendo tu yo real.

Cuidado con su foto. Una vez se inicie el contacto, es bueno compartir más fotos, así estarás segura de que son fotos recientes, de alguien que es quien dice ser. ¡Cuidado con el tipo de foto que compartes!

Lee entre líneas: ve más allá de las palabras. Algunas personas escriben lo que cree el otro quiere oír. Por eso es bueno pasar a una conversación telefónica o vía web, donde puedas hacer preguntas y ver el tiempo que se toma en responder y la forma en que lo hace. Es bueno que te fijes: hacia qué temas enfoca su conversación: ¿Tu físico o tú?, ¿Qué tiempo de la conversación dedica a hablar de sí mismo? ¿Y cuanta atención les pone a tus temas?, ¿A las cuantas conversaciones te pidió una foto tuya más reveladora?, ¿En que tiempo desde que comenzaron a hablar toco el tema de la intimidad? De lo que el otro busque más hablar, es lo que realmente le interesa. Tú elijes si sigues en esa conversación o si pasas al próximo candidato.

No te enamores por mail. Unos 5-6 correos son una buena cantidad de intercambios para poner una cita en persona o vía webcam si viven en países diferentes. Esta recomendación es porque no necesariamente lo química sea la misma una vez es estén cara a cara.

Los primeros encuentros que lleguen CADA UNO por su cuenta y en lugares públicos por tu seguridad.

Conocerás más de uno. La mayoría de estas bases de datos, poseen una gran lista de posibles candidatos. Por lo que podrás conocer varias personas y darte la oportunidad de intercambiar mensajes con ellos, hasta que te sientas de manera especial con uno en particular. Cuando esto ocurra, dile Adiós al resto.

Debes estar preparada para encontrarte con personas buscando amor, aventura, sexo, entre otras cosas. Cuídate y mantente alerta.

Existen muchísimas historias de éxito aquí, en nuestro país de gente que se conoció por internet y cuyas relaciones terminaron en matrimonio, mujeres de cualquier edad, divorciadas, viudas, solteras..., cree que es posible para ti y así será.

Como ser humano, sin importar tu condición económica, física o social. Mereces ser amada, tal y cual eres. Hay alguien en este mundo, a quien le gusta alguien como tú. Sea gordita, flaquita, sencilla, complicada, rica, pobre, preparada, humilde... Es creerlo y estar accesible para que esa persona nos encuentre. Y cuando esto ocurra, no perder la oportunidad.


Kirssy Lorenzo

# ANDO BUSCANDO UN AMOR

Mayo 2014, Revista Pandora

Cuando nos cansamos de estar solos(as) y tomamos la decisión de abrirnos a la posibilidad de volver a estar con alguien.

**ADVERTENCIA**: Antes asegúrate de que tu definición del amor es sana.

No importa las definiciones de diccionario. Al final, para cada uno de nosotros, el amor es el resultado de cómo papi y mami se amaron entre ellos y de cómo ellos nos amaron a nosotros.  Si en mi casa el amor se dio a gritos, insultos y golpes, es muy probable que inconscientemente me conforme con que me quieran de esta forma y que cuando alguien "sano" se acerque a mí, me parezca aburrido, predecible, lento. ¡Ojo! ¿Estás dispuesto a repetir la vida que tuvieron tus padres? Entonces debes de estar alerta para que no sigas el mismo patrón.

Según Walter Riso, una relación sana es un intercambio. Ni uno debe dar más que el otro. Ni debe ser uno solo el que cargue con el peso de la relación.

Aquí te comparto a lo que debes de estar alerta antes de entregar tu corazón:

- Cuando estas con esa persona. ¿Cómo te sientes? ¿Mejor o peor?
- ¿Hay ternura? ¿O solo es sexualidad?
- ¿Te sientes admirado(a) o te sientes una m#%$@#?
- ¿Hay amistad? ¿O es solo sexo? ¿Te interesa lo que le interesa a esa persona? ¿Y a esa persona, le interesa lo que te gusta a ti?
- ¿Le duele lo que a ti te pasa o es una simple noticia más? Y tú, ¿eres sensible a sus temas?
- ¿Cómo expresa sus emociones negativas: ¿Te culpa?  ¿Se culpa? ¿Grita? ¿Llora? ¿Qué tan emocionalmente maduro es?
- Madurez emocional: ¿Puedes expresarte libremente? ¿O te critica? ¿Te censura? ¿Te rechaza?
- ¿Eres respetado(a) como una persona que no le pertenece, que tiene emociones, pensamientos e ideas diferentes o vives siendo descalificado?
- Autosuficiencia. Los tiempos de depender económicamente del otro ya pasaron y es lo mejor para la salud emocional de las partes.  Cada ser humano nace con los mismos recursos que el otro para suplir sus propias necesidades y sobrevivir.  Cuando eliges "depender" en una relación, pagas un precio muy alto, donde arriesgas tu identidad, tu autoestima, tu sentido de significado.

Siempre ten esto claro: "El amor no debe doler" y si a ti te está doliendo, pregúntate: "¿por qué he estado dispuesto hasta hoy, a tolerar esto? "Porque uno tiene solo, por la razón que sea, lo que está dispuesto a tolerar.

# ACERCA DE LA AUTORA

## Kirssy Lorenzo, MGM.

**Experta transformacional**
**Coach Internacional certificada & Neuro Programmer**
**Avalada por The Village coach, Coaching Ontológico y**
**The World Coaching Corp.**

Ha impactado a más de 12,000 personas con sus conferencias y talleres.

Profesora universitaria, diseño y coordina varios diplomados en diversas universidades.

Colaboradora regular en medios escritos como REVISTA NUESTROS HIJOS, ESTILOS del periódico Diario Libre, PANDORA del periódico El Caribe, Revista MIRANDA, Revista InfoCarol, entre otras, con más de 65 artículos impresos.

En televisión y radio tiene participación semanal en diversos programas.

Escritora con 5 libros en su haber y un sexto en producción.

Posee un título en informática, maestría en mercadeo y certificación internacional en coaching ontológico. Formada por las figuras de mayor reputación en Latinoamérica y estados unidos a nivel de coaching y pnl.

Madre x 5, Mujer plena y feliz.

# OTROS TITULOS DE LA AUTORA

### LAS 9 PERSONALIDADES
### *QUIEN ERES Y PARA QUE ERES BUENO*

Este libro te permite de manera sencilla y rápida conocer tu personalidad y tu vocación.

### REINVENTARSE PARA EL EXITO
### *Descubre como alcanzar tus metas logrando tu mejor versión*

Este libro basado en técnicas de coaching y pnl ayuda al lector a entender quién es, y como elevar su potencial para alcanzarlas metas y el éxito.

### LAS 9 PERSONALIDADES EN EL TRABAJO
### *Eleva tu éxito profesional mejorando tus relaciones*

*En este libro te permite entender tu propia personalidad y tu conducta además de entender cómo actúan las personas en torno a ti en tu trabajo. ¿No te sientes valorado por tu jefe? Tu asistente no entiende lo que esperas de él/ella? ¿Tus compañeros compiten contigo? Entender porque la gente hace lo que hace y como cambiar vuestra relación con ellos es lo que necesitas para ascender profesionalmente y trabajar en un ambiente productivo y sano. Este libro te revela cómo.*

### ADIOS SOLTERIA
### *Guía práctica de como conocer, conquistar y enamorarse del hombre que mereces.*

Este libro basado en técnicas de coaching y pnl ayuda a la lectora a conocerse mejor a sí misma para luego caminar hacia una relación a largo plazo basada en amor sano.

Este material fue impreso y editado en

República Dominicana

Agosto 2017